我想做個好父母

蔡穎卿 文／圖

獻詞

　　我要把這本書獻給曾經、正在與或許將爲孩子教養問題憂心的父母；讓我們一起把「孩子」視爲整個社會共同擁有的可貴資產，珍惜他們這段應該受到保護、引導與修正的年歲。

　　我很感謝工作室的助理定綺協助我在最短的時間中，把幾年來專欄所用的DIY全部重新做過。這個重做的決定，是希望照片能更發揮說明的作用，鼓勵大家動手的決心。

　　也謝謝先生Eric用鏡頭把我與讀這本書的父母連結在一起。雖然大家不一定能在一起工作，但希望書中的實作分享能轉變爲您帶領孩子動手的些許靈感。

推薦序

導正錯誤的教養觀念

洪蘭

知道Bubu老師要出新書，心中很是期盼。她的書一向都能震聾發聵，導正很多社會的錯誤觀念。

認識Bubu老師很多年了，我們雖然住得不近，也不常見面，但是時間和距離並不造成隔閡。每次見面，都能立刻進入主題，產生共識。我最認同的是她的價值觀和濟世的態度，她對孩子的耐心常讓我自嘆不如。我更佩服的是她的耿直，在現在是非混亂的社會，她敢說真話、千萬人吾往矣的勇氣，可以說是鳳毛麟角了。

她的話不多，卻每能直搗黃龍，例如在序文中，她對成熟的定義是「工作不用人監督，口袋有錢不花，有仇不報」，就令人激賞。

「工作不用人監督」就是我們所謂的accountability。成熟的人對自己的行為負責，不要別人在後面催促；上班不是人坐在位置上就是叫

上班，而是要把事情做好；「做一天和尚撞一天鐘」不叫負責，而是要更進一步，確定所撞的鐘有響，才算盡責。這中間的差別在用不用心、有沒有把公家的事當做自己的事來做。

「口袋有錢不花」是當人有內涵，對自己有信心時，他就不需要珠寶來引起別人注意。一個人炫耀什麼，就說明他心中缺少什麼，一個人愈在意的地方就是他最自卑的地方。在「吹牛不打草稿」的現在，曖曖內含光的人才是值得尊敬的人。

至於「有仇不報」，那真是大肚大量，很不容易。我曾為了抗戰勝利後，蔣總統對日本以德報怨深感不滿，假如連孔子都說以直報怨，那麼以德報怨，何以報德？我父親聽到後，便花60元台幣，買了世界書局出版的《基督山恩仇記》給我看，要我學會人生的意義。在1959年時，60元是很多的錢，但父親知道小說的教化力量比父母的

說教來得大，他可以花錢，只要我能改變觀念。這本書也真的讓我看
到，在報仇的過程中，自己的人生也過去了，人應該要學會放下。

　　Bubu 老師的書不論哪一本都很有啓發性，我的年紀雖然比她大了
一輪，但是每次仍能從她身上學到很多寶貴的經驗。她的書值得看！

　　　　　　　　　　（作者爲國立中央大學認知神經科學研究所講座教授暨創所所長）

引導孩子發揮潛能，身心靈成熟平衡

陳藹玲

　　親子教育的許多課題都是選擇題、申論題，鮮少是非題，更不會有絕對的標準答案。在變化莫測、人心惟危的時代，與其期待孩子功成名就，不如希望他們都能發揮潛能，成為身心靈成熟平衡的人。

　　然而，什麼是教養最重要的原則呢？我和作者蔡穎卿的看法一致，是父母透過言教身教反應出來的價值觀。

　　非常欣賞穎卿的看法及做法，讓更多的父母及孩子因此書受益！

（作者為富邦文教基金會執行董事）

為了感謝的回顧與前進

　　在《親子天下》寫「生活筆記」這個專欄轉眼竟已過了六整年。六年來，每兩個月整理一點主旨環繞於觀察教育的心得，這工作已慢慢從開篇中「除了擔心日久做不好之外，也害怕在負擔已重的工作中再加一椿新的責任，」轉為一種抒發。藉著佔據於期刊一角的文字，我靜靜地體會自己在生命位置上，不同階段的責任感，也體會了客觀環境的大小改變對自己所造成的喜、怒、哀、樂與希望和擔憂。

　　誠如前段說到，這些專欄文字被我自己認定為是「教育觀察」心得，那為什麼專欄設定之初不以「教育筆記」而以「生活筆記」命名？我在這篇結集的序中簡單說明，希望能搭造讀者與我之間意見交換的心橋。

　　「教育」兩個字，無論在內涵與外延的界定上絕不能與「教學」等同而論；對我來說，自己從小到大各種各樣的學習，如今已證明全指向於「生活」所需；包含食衣住行的自理與謀生的各種技巧、傳承與正誤前人對錯的經驗，當然，還包括大量非物質性的精神探勘，如滿足、愉快。因此，「生活」兩個字才是我所了解的「教育」。

雖然各種動物都懂得為生活而奮鬥，但人類自遠古以來就是為了生存與更好的生活而施行教育，可以說，生活與教育是並存的社會現象。我們的代代祖先把生存的知識與經驗，透過各種方式散播交接；在今日我們所稱的教育場所或制度都尚未成熟之前，教育過程已在漫長累積；因為生存的挑戰與生活的需要從未曾停止過。

這本書所集結的篇章有些是因為感想而引發的實作，有些是因為實作而歸納出的感受。無論從哪一處開端，兩種都是我生活的實貌：既感謝長輩們的教導有方，也希望能與後生晚輩同享此樂，共蒙此愛。這應是元朝馬端臨撰《文獻通考》中所寫的：「有人斯可教，有教斯可學，自開闢則既然矣。」的實情。

「教」與「學」與「教育」，是人類最共同、也是各民族源遠流長的情感表達方式；而我是這源源流長中的一顆水滴；無法自大，也絕不自卑。

「生活筆記」這個專欄在《親子天下》刊出的六年中已陸續蒙雜誌部

編輯大力協助，如今既要成書，當然得在閱讀呈現上重做思考，因此
又勞出版部費心整理；而我也把原本受欄位字數限制的篇章補齊，又
將因季節循環而重複的主題加以整理，合併或割捨。在重寫稿子當
中，好好地體會了「卻顧所來徑，蒼蒼橫翠微」的感觸。

　　寫這個專欄所經過的六年，於年齡來說，是我生命中一個極重要
的跨度。當我從「知命」之年的起點向「耳順」的六十走去時，環境的
變遷與社會價值觀的改變，往往使我懷疑自己是否真正成熟了；有時
候，我竟是在跟人爭論、幾近於吵架的狀況中，才能說明我想要穩穩
地站在這個年歲上的堅定；我是真心地想要以一種成熟的心態來討論
生活、討論教育。

　　猶記幾天前，我才跟86歲的母親分享我對於眾人所定義的「成熟」
中，最喜歡的一種說法：「工作不用人監督，口袋有錢不花，有仇不
報。」當時，媽媽正坐在我家的一張躺椅上，聽我講完這句話後，她
竟激動地想探身坐起，被金邊眼鏡阻隔的雙眼，散發出一種我從小熟
悉的理性光芒，母親跟我說：「很好，這句話說得真的很好！」

　　「教育」，也許就是在生活中把人教成：不要花招，工作不用人監
督；不虛榮，口袋有錢也不受誘惑；善待自己，離開是非，擁有不自

我糾結的自在。但這樣的生活教育需要多少孜孜不倦、永不停息的好榜樣？

　　於是，這本書等於是我的自問：我要如何成為這群榜樣中的一員？我要如何向過去養育與教育過我的長輩們看齊！

　　　　　　　　　　　　　　　　　　BuBu，完成於2016年1月

目錄

I　身教

II　食育

I

身教

世人經常把「示範」與「身教」誤為一談。身教並不是親師在某一種情境所採用的教育方法，而是他們為人處世的價值在日常實踐上所產生的影響。因此，一個相信身教力量的好大人，對自己的檢視與要求，總會多過對孩子的百般監督。

有身教的大人，對孩子只有一種情懷：跟上來吧！孩子，跟上我在做的。

冬至的溫暖想念

○　○　○　○　○　○

維持一個家的傳統，可以視為麻煩，也可以珍為禮物。
母親做這些工作時所展現的喜悅，
養成了我對工作不畏繁瑣的健康心態。

在一年當中，冬至是我最愛的一個節日。雖然冬至不像中秋、端午與過年那樣地被大肆慶祝，卻是我認識母親如何把娘家與夫家的生活習慣融合在一起的溫暖節日。

每當與人談起各自家庭的生活習慣時，有些朋友指出他們的習慣是依從父親或母親的原生家庭，有些弄不清來源，另有一批朋友則跟我一樣，理家的母親已經巧妙地揉合了雙方家庭的生活習慣，在維持傳統中，又自創了新生家庭的文化。通婚後的家庭要彼此適應的細節很多，最具體的當然是食、衣、住的方式，居住與穿衣兩項往往受到合併生活的現實所限制，或跟隨物質發展而不能不有大改變，唯有飲食習慣是最容易掌握或保留下來的風格。

小的時候，每到冬至，家中的鹹湯圓一定有兩種。一餐是用紅蔥

頭、香菇、魷魚在熱鍋中爆香所煮的碎肉湯，當中浮盪許多小白湯
圓；湯圓之間有新灑的香菜與芹菜末，熱鬧可愛；這是母親婚後從奶
奶的廚房裡學來的，也是父親從小熟悉的冬至餐點。即使在爺爺奶
奶並不與我們同住的某些年間，母親還是一定會做我們稱為「白湯
圓」的這道客家美食。她交代負責搓湯圓的孩子們，要謹守的工作細
則是：煮成鹹湯的小白湯圓得搓得稍大一點才扎實；煮成甜湯的紅白
丸子得揉得小一點才「幼秀」。

　　我長大後工作這三十幾年中，不停有人問我，我的美感教育得自
何方？又可曾受過任何特別的訓練？仔細想一下，我認為我的生活
創造力是根源於領悟力，而我的理解力就是奠基於母親經常為我做
這樣的小分析。在我與母親相處的時日中，她對我工作上的叮囑總
有美的教導，而不是刻板的要求。想想看，媽媽的交待多麼合於美

食的情理：做為主食當然需要扎實才能飽胃；而做為甜品，如果不夠秀氣，豈不在飯後撐壞了已經八分飽的胃口？

另一餐，我們就會吃母親少女時代在旗山娘家學會的鮮肉湯圓。精肉拌細蔥的餡，被包在如乒乓球大的湯圓裡，煮熟後與高湯、茼蒿同盛在大碗中，白的白、綠的綠，構圖簡單，內容精實，是我們每年都引領期待的佳餚。如果所做的鮮肉湯圓有剩，媽媽就把它壓扁了，煎成糯米鮮肉餅，做我們午後的點心。如果沒有肉餡了，但剩了糯米糰，媽媽就把米糰揉成姆指大小，油炸後沾細白砂糖做成「白糖粿」，那也是我們最愛的點心。

母親的雙親都是福建人，從旗山嫁到台東的她，進入了汕頭與梅縣組成的婆家。她在生活中努力學習，並以最自然的方式為孩子保留了我們對祖輩的認識。有時候我不禁想，如果母親並不尊重夫家的生活習慣，也許我這一輩子都不會像現在那麼喜歡鹹味的小白湯圓；我也一定不會在結婚之後，那麼地想要了解並尊重夫家的傳統，凡事向先生打聽他童年的習慣。

維持一個家的傳統，可以視為麻煩，也可以珍為禮物。我的母親就是以後者引導我，大大增強我婚後適應另一個家庭的能力。我更喜歡母親做這些工作時所展現的喜悅，養成了我對工作不畏繁瑣的

健康心態。

　　在台東成功鎮長大那幾年，母親總在冬至前泡糯米，再託隔壁阿婆用她家的磨台磨成漿。軟軟的米漿被裝在棉布袋裡是不成形的，母親請我協助她，把米水袋綁在一只長條凳上，再用繩子纏繞前後，壓出水分做「粿脆」。看著水從布的織眼中慢慢滴出，兒時的我，對節慶的快樂也跟著節節高升，並永留心中。

　　脫水過後的米漿固化成塊，母親從棉布袋取出後，我們這些孩子就可以大展身手。無論搓湯圓或包湯圓，母親什麼都會讓我們做，她知道訓練孩子比阻擋或責罵更省時省力，因此我們從小就成為父母各方面的幫手。父母親對我的生活教育都是根據於需要，因此，項目總是細瑣，但對親子彼此都很有幫助，我也因為能經常練習而能將「完整」與「不厭」視為工作習慣。

　　幾十年後，大家已不再為冬至泡米磨漿了，因為隨時都可以在超市買到糯米粉，一調水，就可方便地包湯圓。雖然，我承認用米磨出漿再脫水做成的湯圓比較好吃，但我了解，最可貴的並不是食物本身，而是那個家家戶戶自己動手的年代，父母的身影中總有勤勞力行的榜樣。

 我的實作,你的靈感

球中球與精肉糯米餅

材料/

水磨糯米粉、梅花絞肉、蔥

做法／

01 　把糯米粉按包裝上的建議扣除一點水之後調成米粉糰。

02 　取約 1/10 的米糰量，水煮至全熟。

03 　趁熱把生熟米糰仔細揉和，這能使湯圓質地更好，並防止包餡時的龜裂。

04 　買肉時請攤上把梅花絞肉用細口刀絞兩次，回家後與切碎的蔥仔細調和，可打上一點水或加適量的蛋白。用鹽與白胡椒調味。

05 　包餡時掌握把一個小球放入一個凹洞的工法，才能造就均勻的皮肉比例。

06 　在平底鍋上放上球，壓成有厚度的餅型，餅與餅之間要保持適當的距離，以免彼此沾粘。

07 　做這道點心可完全不加油，但要等到餅可輕易移動才可翻面，火不可大。分次以少量的水加蓋燜煎至熟。每次加水前可翻一次面。

打扮新年的心情

所有的「有條不紊」都是熱情與能力的結合，
主持家務的人，缺一不可得其全。

2010年的跨年家庭聚會裡，我聽到母親跟兩個女兒說起我在成大上學的故事。母親說，每到寒假前，我一定會早早寫信回家報告假期什麼時候開始，並在信中一再強調放假當天就會回家，請媽媽過年打掃的事務，必要等我回去再開始。我從初中離家住校後，一直維持著寫平安家書的習慣。大學時期，電話已經很方便了，雖然我每隔幾天打個電話簡單報平安，但較仔細的學習與生活事都是靠寫信與父母分享的。

那天在一旁聽母親說起三十幾年前的回憶，有些細節已不復清楚，但八十高齡的母親卻如數家珍地盛讚著我的乖巧體貼，她說這使她感覺到當母親真有價值。我不禁想，愛就是這麼奇妙的事，我不過是一片當兒女的誠意而已，但母親因為是我的家事導師，負責帶領我如何體會，並以行動執行家庭愛，因此就倍感安慰。

　　回想起自己在成大念書那四年，回台東家確實對我是一段既甜蜜又辛苦的路程。我會暈車，但鐵路還未開通前一定得繞東海岸公路回家。我在心中把這段路分為四段，從台南到高雄沒問題，高雄到楓港是第二個較安全的段落，從楓港到大武路繞山而行，我的心情也開始糾結。我一向體弱，這段路中，袋子不敢離身，要一直等到太麻里，蒼白的臉才開始放鬆。雖然每次都要經過這種恐懼，但看到家愈來愈近，雀躍與安全感又使我立刻忘了一路舟車勞頓的辛苦。

　　學生時代回家，我想的總是要服務家人、享受親情，而不是要父母寵溺服侍我。母親當然也總是費盡心思歡迎我們的歸家，但最甜美的感覺是，我們都好珍惜一年當中唯一能相聚的幾個月。我因為知道未來嫁人後一定不能再與父母長期同住，因此大學四年的寒暑假從不留校，想打工，也只在家鄉當家教。回想起來，大學階段心

智都更成熟了，能留在母親身旁領受更深難的理家之道，對我一生做事的條理實在是有很深遠的影響。

中國人講究齊家的實踐力，所以孔子說：「居家理，故治可移於官。」我從小看母親一整年中要處理的日常生活與節慶活動，知道所有的「有條不紊」都是熱情與能力的結合，主持家務的人，缺一不可得其全。有熱情沒有能力的母親，家中一團亂；有能力沒有熱情的母親，家庭不溫馨。所以，我要從母親帶著我們準備過年的溫暖記憶仔細說起。

大概是從小學一、二年級開始，我對節慶所代表的「勤於工作之後的犒賞」就深有體會。

記得家家戶戶迎接過年的第一場重頭戲，永遠是從利用時間大掃除開始的。大掃除是「先勞動再享受」或「用勞動換享受」的體現；這不只是衛生問題，更有除舊布新的意義。而那時候的掃除，真是全家總動員，從窗櫺到屋角、從天花板到床底，無一不清潔到裡縫去。當時大家擁有的物質都不多，利用時間打掃就是表達珍惜愛護的方法。棉被、榻榻米全都攤出在陽光下捶打，每家或寬或窄、只要是可資利用的空間，全都堆滿等待清潔的器物，而親子工作之間的叮嚀與呼應，不只是家庭教育，也是美好溫暖的街景圖畫。

　　母親會提前在過年前幾天就開始做各式糕點。我年紀雖小，也不會無事可做。即使只是被派發去鄰家要些葉子來當糕點的襯底或幫橘子糊上紅紙腰環、搬些輕便的器物當跑腿，小小的身影穿梭在全家一起忙碌的氣氛中，心中就充滿興奮與團結的感受。一年年過去，我從只能分擔輕便工作的孩子長成跟著母親學做年菜的少女，更在婚後漸漸成為有自信撐起為人長媳、盡心持家的妻子與母親。用什麼心情過年、以什麼素材妝點新年，更成了我傳承家風與教導女兒的生活實例。

　　我從母親身上學到的過年哲學是：傳統一定要維護，生活不要因為方便而放棄自己動手的機會。時代不同，在物質充裕、商業點子不停翻新的今天，只要我們願意付出一些金錢，每天都可以過得比我小時候所經歷的年節還要熱鬧豐富。不過，金錢買得到豐饌美食，卻無法買到親子齊心同工的習愛過程。

　　我也會在過年特別布置居家，但不用以添新物來表新意，只要勤勞，蓬蓽也能生輝。所以，看到季節的果品或植物，動手紮個門環、做個桌飾，用最好的心情應節就能過好年。自己在品嘗與觀賞之際，也了解「過年」是一段辛勤日子之後的回顧與充滿信心的前望。

紅豆年糕

材料 /

鋁箔盒、水磨糯米粉、水（與糯米粉同量）、已煮熟並加糖蜜甜的紅豆
（依自家的喜好酌其量，圖示的量約佔總量的一半，因此味道與顏色都
很濃）

做法 /

01　把所有材料調勻。

02　放入盒中時，稠度如圖示，如可流動的黏
　　　土。

03　先用水蒸約30分鐘後，如有烤箱，再用
　　　110度烤20分鐘。如不用烤箱，在蒸熟
　　　後，用風扇盡快吹去表面的水氣，顏色與
　　　質地都會更好。

我的實作．你的靈感

蔬菜花桌飾

材料／
發揮自己的想像力，從市場裡取材新鮮蔬果來裝飾過年的餐桌。

做法／

01　鳳梨花裡長出番茄，不是奇花異果，只是牙籤的功勞。

02　置放時要想到穩固與合理。

03　摺疊一朵與花相襯的緞帶，把過年的興致安放在家中的每一個角落。

生活傳承不空談

過去的父母更了解安頓孩子身心的方法：
拉他們一起工作、讓各個年齡的孩子去負一些責任。

4月有清明節與兒童節，近年來總因為是否連休而引起多方討論，新聞上見到很多假期裡的消費訊息，只是不知道大家爭取到多一天假日的同時，是否還懷念四月傳統的生活習俗：寒食、掃墓、郊遊。

小時候，我們對於4月祭祖總有一種期待，因為父母親會盛大舉辦這個活動。而孩子們就在長輩父母持續地引導下理解了家庭的意義。家庭與其他社群不同，這是人際最初始的生活地，也應該是最堅固的情感堡壘。我們在家庭裡學習被愛時的幸福與感謝，也在家庭中練習愛人的能力與方法。

對孩子來說，4月的掃墓當然有人多熱鬧的興奮，但最重要的是，平日不易見面的親戚唯有靠一年中的這一天才能相聚在一起。母親教

我，愛要由近至遠；親人的意義也要先從家人開始才至族親。等我自己持家之後更發現，任何一個家庭想要有凝聚力，就要把家庭活動辦得非常隆重，而這需要仰賴一位不嫌煩勞的主婦，她的家庭價值觀將攸關整個家族的凝聚。非常幸運地，我就是被這樣一個持家有道的女性養育長大。

母親是家中的長媳，在那個時代，她應該被界定為「讀書人」，但一旦成為人婦人媳，學歷不能做為在職或持家的分界，家庭責任最重要。這也不難理解，良妻猶如良相，能使家庭興旺。母親告訴我，她初婚時，凡家中三代所有祖輩的忌日都要祭祀，再加上年節，她等於每個月都在忙「祭祖Party」。於是，聰明的母親婚後先接受長輩的指導，踏實地以家中規定完成一年的任務之後，再對公公婆婆與族親長輩們提出更好的辦法。讓各房分工，不用多處奔波，清明當天再大規

模地全家族會合於一處。因為計畫周詳，獲得長輩們的首肯，實施之後更博得稱讚。

記得整個4月，從計畫到著手，無論做什麼，家中的大人都很樂意讓我們幫忙。大人之所以允許孩子做事，一方面是真的需要幫手，另一方面則是過去的父母更了解安頓孩子身心的方法：拉他們一起工作、讓各個年齡的孩子去負一些責任。他們不是為了教育而教育，而是為了生活而教育。這個責任的訓練經過了三代，已在我的手足與堂兄弟的身上都看到了結果。

蔡家的祭祖活動已在十年前就從我父母與堂叔一代的手中，傳交給下一代來輪流主持。如今4月，大家事先聯絡，擇定一日由各地回到家鄉，學習祖父母輩與父母的做法，聯絡親屬、準備祭品、祭後餐聚。在忙碌現代人的生活中，這一年一度的相會所代表的責任意義，也許就是在童年感覺的一片熱鬧中看到的血濃於水。

記得幾年前，母親曾對我稱讚我的堂弟。那一年，剛好輪到他們這一房主祭，因堂叔已逝而嬸嬸身體不好，於是大堂弟就找母親細細商量，希望大伯母教他如何準備。當我聽母親對我描述起堂弟是如何用心記錄、如何不厭其煩時，我的心與眼睛都是熱的，即使這個堂弟一直還未成家，但他的心中顯然對家庭責任已經有最完整的認識。

　　童年對4月祭祖的印象，除了在一片慎重其事中感受到「祭如在，祭神如神在」的隆重之外；還有母親透過食物，上對長輩表達的敬，與下對子女依依照顧的愛。

　　4月除了祭祖之外還有寒食大事。爺爺、奶奶都好愛吃潤餅，所以，母親那一日晨起便去採購，忙完一桌繁複的材料之後，就開始為大家捲餅。爺爺、奶奶、爸爸、我們一家三代圍坐起來有八人之多，吃餅時，經常是一個人才拿到還沒開始咬，另一個人已吃完等待著下一捲了。母親不只手巧，更因為熱情於服務他人，所以看別人吃總是比自己享受更快樂。她捲的潤餅，台灣話說最「安單」，絕不會散落，所以每個人都倚賴著她。用餐中，大家並不自私，卻沒人能催得動母親暫停先吃一個，或夾幾口菜擋餓；她總是很興奮地看著我們一捲捲下肚、一聲聲說好吃，直到大家都飽足了，才驚覺自己是該餓，也真的餓了。她坐下來，在我給她拿的餐盤上為自己捲一捲、咬一口後，看著我說：「好吃！」

　　從童年能幫忙起算到嫁人那年，我跟在母親身邊所過的4月已超過二十年。那些準備食物的細節，不只讓我學到能幹、學到美感，還讓我知道，能使家人感到快樂是多麼積極有為的力量。婚後的這三十年中，就是母親教我的種種能力，使我不斷從服務中又再造新快樂！

我的實作，你的靈感

潤餅

潤餅必備的材料有各式蔬菜，如高麗菜、蒜苗、芹菜、香菜、豆芽、春韭，還有瘦肉、蛋絲、豆乾；當然，每家母親都有自己的獨家材料。我的母親會加鮮蝦與海苔，我的婆婆愛放烏魚子；聽母親說，外公愛加嫩豬肝……透過這些家庭的故事，食物就不再只是食物，它是每一家的風格與故事。

潤餅之所以得孩子愛，我想是因爲花生粉與糖粉的組合很適合童味。做潤餅時，混合糖與花生粉這種小事實在很簡單，就別再搶孩子的工作機會了。潤餅皮由高筋麵粉製作而成，雖然筋度高、彈性好，但如果放置材料的順序不夠講究，還是會破皮露餡。小時候母親教我們：第一層不能先放花生糖粉，因爲花生糖粉吸了其他食材中的溼度，皮就容易破。所以，第一層應該放比較乾的食材，像蛋皮、豆乾和肉。再放不同的蔬菜和花生糖粉，也可把花生糖粉夾在中間一層。

請注意餅皮與餡料的量要合比例，不要貪大。如果真的想包很大一捲，必須用兩張餅皮交疊約1/4，讓面積變大。

捲的方法很簡單，可將兩邊都收口，也可以露一邊。通常用兩張餅皮包成很大的一捲就只收一邊，開口朝上，讓吃的人捧著，這種吃法台灣話就叫「抱柱」。

若有剩的潤餅皮，可以隔天再包入魚條或熟餡油炸，就成了我們一般說的春捲。（如左頁圖）

孩子在廚房學到的事

過去的孩子需要在工作中有進度，
以應付生活實際的需要，
而現在孩子的家事教育卻轉為可有可無的體驗，
因此很難化為能力。

在 2015年11月吉隆坡演講，因活動行程排得很緊，無法在抵達時安排出時間接受採訪，主辦單位於是請我以信件回答兩家報社的採訪。不約而同的是，不同報社的記者卻同時問道：「孩子在廚房到底可以學到什麼？」

回顧人類的發展，無論哪一個時代或世界的哪一個角落，都是先求「生存」再求「幸福」。又因自古以來多數社會是以「家」為最小單位，因此這些能力就被稱為「家事能力」，它包含了完成食飽、衣暖、居安、行便的各種能力。

我的原生家庭看重兒女生存的能力與自創幸福的目標，因此很早就對我們的家事施以全面的教育。我因為在家事中有過長時間的磨練，規模又從小演進到大，所以自認很深刻地了解到任何事，從計

畫到實現都需要能力、時間與耐力三種條件。

　　生活在全球化之後的12月，食物雖然依舊是這個歡愉月份的象徵，但烤雞已不像過去那樣地稀罕難得了。凡是取得太方便的事物，就很難以「需要」去教育一個人。但我自己童年坐在小板凳上仔細處理一隻雞的經驗，仍歷歷在目，我相信那些思考在許多不自覺的時候，早已轉化爲我去處理其他難題的基本經驗了。

　　我的姐姐長我五歲，今年已過六十，我們之間還有兩個哥哥。從小家事都由四個孩子密切分工，彼此合作。母親的論點是，責任只有規模的大小，而沒有階段性。我們每個孩子每天都有自己的家事責任要完成，沒有人可以拿課業來當不做家務的擋箭牌。母親也不希望我們只負責一樣工作，自私地自掃門前雪，所以採輪替換工的

方法，唯有如此，彼此才能代勞。

年節或重要客人來的時候，我們才會殺雞。通常，這工作是由姐姐跟我從頭收拾到尾。當我們姐妹在廚房為食物而忙碌時，哥哥們就上高下低，進行家中的大掃除。在我的印象中，我們的工作很多，卻不像現在的手足同工那樣地愛鬥嘴或打鬧。我們是真正需要工作進度來應付生活的所需，而現在孩子的家事教育卻已轉為一種可有可無的體驗，因此很難成功。

姐姐會先把整隻雞放在熱水中燙毛，之後再由我做容易一點的拔毛工作，然後她就去收拾熱水鍋等較危險的事。記得我們在做這些事之前，是從善後工作回頭推想的，想好了應做的準備才動手。我們絕不會把雞毛隨地丟了再來沖洗，而是先把畚箕放好，畚箕上鋪了報紙，再坐下來拔雞毛。

燙雞時，姐姐說，雞的不同部位要燙到不同程度才好處理，比如說：雞爪如果燙不夠，腳趾上的松皮鱗片就難以脫落；姐姐是媽媽教的，於是我就仔細聽從大姐對我的教導。我們也得在工作中動足腦筋以節省時間：先快速大致處理大片的羽毛，再用小夾子仔細巡視未盡的根管與細毛。我們連內臟都要處理的，所以我知道，雞胗剖開後，如果連膜去掉，就不用先拿去砂粒與殘食。現在，當我看到有

些人先除渣、再洗淨剝膜，就覺得這是無需浪費的兩次工。

　　有沒有必要以處理一隻整雞當家事教材，見仁見智。我想如果取材如此，它的意義是在於用「處理一件困難工作」來建立有效工序的思維，而不是非要學會這道料理。當然，藉此機會也可以讓孩子了解過去時日中，凡事親力親為的生活景況。

　　我曾在童年透過要處理一隻雞、一大隻活章魚而了解很多處事的條理。所以，有時候，我也喜歡讓孩子去面對這種真實的生活。有些大男孩只在看到一塊乾乾淨淨的雞胸就臉色蒼白到蹲了下來；有些女孩卻在面對一整隻雞的時候沒有尖叫，而在聚精會神中了解，「勇敢」就是把怕得要命化為有目標、平穩行動的藝術。

我的實作，你的靈感

精確地做，仔細地檢視

完美地
剝出一隻蝦

快速的社會不容易養出擁有精確的工作態度與能力的孩子。趁早透過生活化的項目來解說完美，讓高標準從「空口說教」的層次落實在「有憑有據」的比對中。

做法／

01 認識額箭，爲食用的安全與方便，先剪去額箭。

02 脫下蝦的頭盔（或安全帽）。

03 從腹部層層脫下蝦的緊身夾克，藉此觀察它爲何既堅固又可彎曲。

04 完美地抽出完整的尾部。

完成！

孩子需要真心情願的陪伴

我努力回想並實踐父母與師長對我的關懷與教導，
也仔細觀察時代的變化，以「不動根本動細節」為原則，
慢慢學習當母親的功課。

在陪伴兩個女兒的成長階段中，我很少跟別人交換心得或花時間去探索捷徑。一方面是工作與家庭已用盡我的時間與精力；另一方面是即使在初為人母，我也已經深信前輩的經驗很有價值，所以，一有疑問，我是向長輩討教，而不是找同輩問方法。即使發現代代相傳的教育有需要改善的地方，我也不會立刻反傳統去做，因為在我十幾歲的時候，父親就教我開車，我了解調整問題好比開車時對車子行進方向的修正，如果車體偏了，方向盤只能微調，而不是大扭轉；果真緊張兮兮地遇事就有大動作，車子可能會翻覆；改善教育的問題，應該也是如此。

我努力回想並實踐父母與師長對我的關懷與教導，設法讓孩子在身心兩方面感到安全與舒適，也仔細觀察時代的變化，以「不動根本動細節」為原則，慢慢學習當母親的功課。轉眼之間，兩個女兒都已

學成就業，我因此有時間去親近其他的孩子，了解社會新一代的生命如何發芽茁壯。在透過實際的接觸之後，我確信每一個時代的孩子所需要的守護與照顧，其實是一模一樣的！

雖然，孩子的需要並沒有改變，但提供愛與教養的大人卻變了。我想是因為物質的取得比過去方便多了，大人不再像過去的父母，自己得擔任物質生活的生產者或創作者，因此錯失在過程中自然體會孩子需要的機會。

也許是因為很多照顧的事不用親自操持，於是現代父母的愛或陪伴轉向了對孩子進行更周到的服務。有一天在高鐵上，我看到一位媽媽在服侍她的小女孩，真是大開眼界。她先把孩子安置坐定，然後為她打開平板電腦的遊戲，隨之立刻奉上一杯飲料與一份點心，

然後自己才安心地坐下接受列車的服務。車程中，孩子需要吃薯條或喝可樂時，連哼都不用哼一聲，母親完全地掌握了遞送的節奏。

又有一天，朋友在一家鐵板燒宴請我們夫妻。先是已難想像孩子在上學日竟會出現在這樣的餐廳中，繼之看到孩子全神貫注在電腦前，吃喝也由母親接應。以前讀到「飯來張口」總覺得用來形容已有行動力的人太誇張，目睹當天那約莫五、六年級大男孩連茶來都不用伸手之後，我才覺得那描繪也還未淋漓盡致。更讓我驚訝的是，當這對母子用完餐要移至另一區去享用甜點時，他的書包雜物都是由母親像章魚一樣地背在自己的身上，而且那媽媽也真的好像有好幾雙手一樣，還能捧著一盤沒吃完的東西，在那一小段路上不忘餵食，好讓孩子能捧著電腦繼續遊戲。

孩子需要遊戲的心情並不難了解，但父母大可不必把遊戲的範圍窄化，也不要曲解陪伴的意義。用服務來彌補愛，是教養中的下下策，父母應該設法了解，一起遊戲所得的快樂並不一定要藉嬉鬧瘋狂才能盡興，而陪伴，也不是隨侍在側的寵愛或舉家出遊才能算數。

我相信現代親子之間仍然有很深厚的愛，只是表達愛的方式漸趨物質化與娛樂化。孩子小的時候，父母可能沒有想過無微不至的服務會成為孩子理解愛的阻礙，因為，被服務慣了的孩子沒有機會

練習照顧他人的方法。長大了，也不懂得要如何完成他們自身的責任，父母只好繼續靠著吃喝玩樂的各種活動來維繫親子之間的相處。我們說「患難見真交」，親子之間，難道不是有一天也要從責任中見到真情嗎？

　　許多人喜歡用「重質不重量」來安慰不夠時間親自照顧孩子的父母。這句話很好，但它的意思是說：如果我們願意坐在孩子的身邊，就要真心情願地跟他們在一起，無論工作或生活，在忙碌的腳步中，更不要浪費難得的相聚，不要讓他人介入，不要讓3C產品分心，好好地與孩子體會此時此刻的真義。

放下手機,關上電視
陪孩子認真縫一條小貓咪圍巾

試著與孩子一起縫出一條實用的保暖圍巾。不管基本工夫如何,你都可以歡喜地跟他一針、一針地接力,跟他討論如何接合。這些同工的意義並不只在做出孩子喜歡的物件,而是幫助你們在生活實作中慢慢奠定彼此的工作默契,對談出兩代之間的價值基礎,並建立一種不藉娛樂也能靜靜相處的模式。

材料／

任何毛料布等寬等長兩條，如用雙色更可愛。
鈕扣、搭配布色的手縫線兩種、針眼大一點的
針（穿針引線要教到孩子能獨立才有意義。毛
料柔軟，好拿也適合粗針，針眼較大，孩子學
穿線才不會沮喪）

做法／

01 在第一層布的尾端先用鈕扣與線縫出
貓咪的表情。可以先跟孩子在紙上設
計圖樣，根據布寬，找出正確的比例。

02 兩層布相疊對齊，先以其中一種顏色
的線縫合一次。

03 用另一種顏色的線沿前一線的空缺再
縫一次，如此線與布料不但可以形成
交錯，線與線也跳色前進。

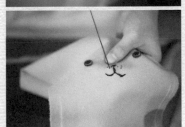

真正的禮物

孩子的心本是極容易被滿足的，
當成人擔心自己給不起更好的物質時，
孩子長大後記起的，
卻是自己曾經受過的溫和對待與教導影響。

照片中的燭杯是女兒的設計與手作（見第56頁）。這幾年，她停留在羅德島求學，我們去探望她的時間總在夏天，因此不知道那小城堡一樣的校區，是否在聖誕節裡如她所做的燭杯一樣的簡單柔美與寧靜。看到杯中緩舞的燭光，我回想她經過二十年的節慶洗禮之後的生活感受，那自然如天光的溫暖，也把我帶回了童年聖誕節的一片寧靜。

我成長的濱海小鎮只有一個小教堂與聖誕節有關，鎮上沒有書局，只有兼顧出租漫畫與簡單文具用品的小店會出售幾款聖誕卡。卡片上的異國景物、銀色聖誕都離我的生活好遙遠，但有一件事卻是因著聖誕節而深深打動我的，那就是一到聖誕節，我就可以感受到安靜與愉快融合在一起的氛圍。在那一兩個星期中，母親要我去街上買點東西時，我總是想辦法繞道從教堂而過。只要眺望一眼

小教堂的窗口，就可以因為感受到嚴肅中帶著寧靜的氣氛而心頭滿漲，因而愉快一整天。當時，母親雖然還未受洗，但她是准我跟著童年好友去教堂。所以在平安夜時，我總端坐在長條木椅上觀看穿著潔白長袍演天使的好朋友，聆聽風琴的伴奏與人聲的頌讚。

　　聖誕禮拜過後總有小禮物，但禮物並不是我去教堂的目的。我感到快樂是因為在小教堂的氛圍當中，有太多比實際禮物更好的感覺。也許是身旁大人都很親切，也許是大家都輕聲細語，也許是當時還沒見過的雪國世界以紙剪的細片、棉花黏成的小屋出現在我的眼前，總之，那祥和供應了我所需要的滿足。從那個時候開始，我大概已經朦朧地體會到，快樂並非是「東西多不多」的現實，而是「感覺夠不夠」的領會。

孩子的心本是極容易被滿足的，當成人擔心自己給不起更好的物質時，孩子長大後記起的卻是自己曾經受過的溫和對待與教導影響。

從鄉下小鎮的家中過完六年級的聖誕節之後，我離鄉背井到台北的教會學校住讀。雖然，慶祝聖誕節的規模擴大了許多，但環繞著我的仍然是非常適合於少女的單純氣息。有位來自夏威夷的修女教導我們唱英文詩歌，更年長一點的姆姆們為我們解說詩歌的故事。故事中那一百多年前一位年輕教士因為教區風琴壞了，在午夜彌撒前匆匆以六節詩歌寫就的「平安夜」，讓我印象最深。

學校不鼓勵我們彼此送禮物，但我們會玩一種叫「小天使」的神祕遊戲。那三天，每一個人都會在不知情的情況下受到自己的小天使捎來的服務。例如早上起床後，才到洗手間去盥洗回來，還未整理的床已鋪得整整齊齊，但不到平安夜，誰都不知道自己的小天使是誰，只知道要不被自己的主人發現，要為她帶來欣喜。在接受驚喜與創造驚喜的氣氛中，這三天的照顧別人與受照顧，已成了我們聖誕節無可取代的禮物。

我不覺得聖誕節一定要藉聖誕老人的名義來送禮物給孩子，我們也不用年年添購新物來裝飾空間。舊物可以新裝、快樂可以反覆，成人需要的只是一點帶孩子動手的熱情，與不遺漏快樂的敏銳。那敏銳背後深厚的關懷，讓樂趣從無變有、物質從簡約變豐富，才是孩子會永遠記在心中的幸福。

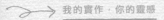
我的實作·你的靈感

給孩子的禮物三則

心靈的禮物 —— 音樂與詩歌

12月當然也是音樂與人心交通最密切的一個月份，我們耳裡聽到的、心裡無意中輕哼的曲調托著心情往上飛升。這首聖誕詩是好友惠蘋過世前與我一起討論翻譯的，在斟酌其中的遣詞用字時，我們心中充滿了愉快的溝通。我覺得12月與其他季節最大的不同，也在於它豐富的音樂與文學。帶著孩子盡情享受這些心靈佳釀，在歌與文字的世界中，感受世間安寧的滋味，幫助他們了解精神禮物的可貴。

> 來吧！帶著歡樂聲
> 我快樂、快樂的男孩們
> 讓我們燒燃聖誕之木
> 我慷慨的女主人
> 叮嚀你們要
> 自由自在地開懷暢飲
> 讓我們用去年的陳木
> 點燃今年的新火
>
> 為迎接滿溢的祝福
> 請彈奏薩泰里琴
> 那甜蜜的好運
> 會隨木頭的燃燒熊熊升起
>
> 現在喝濃烈的啤酒
> 撥鬆軟的麵包
> 與切碎的肉
> 這是為獨特的肉餡餅而預備的
> 而一旁的李子
> 將填滿我們捏弄的派餅

聖誕詩／羅伯特赫里克

聖誕餅乾

12月從烤箱出爐的甜點與平日有不同的裝扮。聖誕的意象是雪花,而雪花與糖霜又是多麼巧妙的結合。孩子總有一雙巧手,帶他們在聖誕節烤餅乾,然後細細地在每一片餅乾上畫下自己喜歡的雪花圖案,享受快樂的一整個下午。即使台灣的冬天不下雪,那銀色聖誕卻因為結在餅乾上的雪花,而走入我們溫暖的家。

材料／

175克無鹽奶油、300克白砂糖、一顆全蛋＋一粒蛋黃、
鹽少許、5cc香草精、300克麵粉

做法／

01 把常溫奶油用電動打蛋器攪拌至軟化，加入糖之後繼續打到有蓬鬆的感覺。

02 改用木匙或刮刀把打發的奶油與蛋、香草精、鹽拌勻。

03 將篩過的麵粉與其他材料均勻混合之後，把麵團放入冰箱冷卻30分鐘。

04 烤箱以攝氏190度預熱。接著把麵揉團成0.3公分厚，用模型或杯子壓出想要的形狀，放上烤盤烤8分鐘左右。

05 畫糖霜時，洞口千萬不可太大，否則線條無法表達細緻之處。

手刻紙片聖誕燭杯

光影帶給孩子一種夢幻的愉快，如果這些光影能親手創作，他們就更高興了。這個小實作可以用中國窗花的概念進行，也可以用紙雕的技巧完成。

材料／

卡紙、可透光的紙、有鋁盒底座的蠟燭

做法／

01 在自己喜歡的卡紙上鏤刻出各式圖案。

02 描在色紙上，剪出同樣的圖案。

03 將刻好圖案的軟紙包覆在杯子之外後，裡層再包上一層可透光的紙。

04 將有鋁盒底座的蠟燭放入杯中，點燃蠟燭後就會呈現照片中的感覺。

愛的補習

每個人都有自己的生活條件與選擇，
家庭之愛也應該在靜心審視與時間的調配中，補救學習！

雖然從未送兩個女兒去上過補習班，然而，我認為自己對「補習」
是非常有經驗，並透徹了解其中的意義。

就字面上來看，「補習」就是「補救學習」的意思；凡是同在一個學
習團體或某種社會應有的教育程度上沒有趕上進度的人，就需要補
習；所以，我們有「補校」給因故失學或輟學的人補上國民教育的程
度。從這一點來分辨，「補習」的意義與今天孩子們「上補習班」並非
同義詞。我之所以強調這件事，是因為看到太多的父母送孩子去補習
班是因為怕他們不能管理時間，或期待他們超前學習。混淆兩義，反
而錯失學習應有的檢視。

帶兩個女兒在不同國家受教育的十二年中，我常要面對孩子每到
新環境就得補救課業的事實。我們幫助孩子的方法並非外出尋找他人

代替教導之勞，而是一方面與他們討論該如何加強管理自己的課後時間，及善用假日分段自修其他人已經學過的進度；一方面幫忙尋找自修需要的資源。有時候，我們夫妻也必須加入輔導的行列。比如說，兩個女兒的中文就得由我教導，先生也曾在女兒們的高中階段，輔導她們的化學與微積分。另有些專業的科目，孩子們落了進度，自己要求幫助後，課堂老師會單獨輔導，以求盡快讓學生「趕上」全班的進度。我記得大女兒在高二從曼谷國際學校轉入新加坡美國學校時，因為不曾寫過資料小論文（DBQ Essay），老師就曾在新學期的前三個星期中，每天要她課後留堂，特別緊密地輔導這項練習，而後順利趕上進度；記得那個學年結束，她還拿到這個科目的特優獎。因此，父母不需要為孩子需要補習落後的進度感到緊張或失落。

需要補習的人，缺的只是別人已受教，而自己遺漏的部分，不見

得因此就會永遠落後。但如果進度並未落後，卻眷戀補習的成效，就得在學習上付出「依賴鞭策」的代價，我認為這才是一個人在學習上真正的損失。要了解獨立學習況味的人，要先擺脫受升等、考試鞭策，才能歡喜地「終身學習」。

我能以這種想法了解所有知識與事務的「缺漏學習」，是源自於自己既要工作又要理家，時間永遠不夠，進度經常落後。但我兩樣都深愛，又一心想盡力兼顧，於是，對於愛的功課，我就永遠都在「補做」某些不能在正常時間完成的事物。

「補」對我來說是一種時間管理的概念，也是最紓壓的生活方法。我因為「有補」而得到寬鬆的感覺。自己知道能利用其他時間把未能動手或做好的工作補起來，使責任能盡，生活品質如常，這就讓壓力得到釋放。一個星期中，如果工作太忙，家中總會有未能經營完善的事務與氣氛，我利用休假日來補，絕不讓擔心或遺憾愈積愈深。

就如每年暑假到來之前，我總會在心裡計畫一下，希望在孩子功課比較輕鬆的長假日，自己多帶他們讀些中文，補上平日裡較為短暫倉促的親子共學，也會與他們實作更多生活家務。這就是我們家一直都在進行的「補習」。

在演講中，總有母親提到，因為要上班而未能把家庭照料得如專職母親一樣周到，話語中顯露出對親子相處不足的遺憾與自責。我分享自己的經驗，勸大家不要以為這是不可改變的狀況。自27歲起，我每天都在工作與生活中兩頭忙，在二十幾年的經驗中，我得力於一種不自我限制的心情，設法補救不足。

對於上班時間正常的父母來說，利用七天中休假的兩天來補平日未能完整的親子相處，是最有效的方法，不一定要徘徊在「繼續工作」或「回家照顧」孩子的掙扎之中。每個人都有自己的生活條件與選擇，我深知家庭之愛也應該在靜心審視時間的調配中，補救學習！

也許，你無法日日在夕陽餘暉之下帶著孩子去收衣服、教他們疊衣套襪，一如我們慣見的慈母身影。但不要忘了，太陽在假日也一樣溫暖照人，我們所羨慕的幸福同工，是可以隨時開始的，愛是可以補習的。

我 的 實作 , 你 的 靈感

親子同工的假日早餐

可麗餅

材料／
（完成份量 8 ～ 10 片）

牛奶 1/2 杯、中筋麵粉 1/2 杯、常溫雞蛋 2 顆、無鹽奶油 1 大
匙、細白砂糖 1/2 大匙、鹽少許

做法／

01 把麵皮的材料混合之後攪拌成十分光滑的麵糊，封好放在冰箱最少30分鐘，或隔夜也可以。

02 用小火把平底鍋預熱到中溫，倒入麵糊，快速翻轉麵糊使之均勻攤開成薄層。如果覺得太難，可以把鍋先暫時離火一下，免得鍋太熱使麵糊凝固成過厚的麵層。

03 煎約1分鐘之後，貼鍋的底部會出現漂亮的金黃色，掀起麵皮再翻煎另一面，也可以直接在鍋中對折。

熱狗八爪魚

材料／

市售熱狗、海苔片

做法／

01 把熱狗的1/4切下，把頭部下的熱狗直刀分切為8小條。

02 在煎過後，刀切出的八爪會自然分開，在頭部圈上海苔裝置眼睛。

熱愛生活就能激發創作與驚喜

那時的母親不能不務實，
想方設法利用有限的條件已成了一種思考習慣。
虛心好學卻不依賴別人的教導，永遠都在動腦筋、在創造。

有一天，我與父母親飯後閒談時，想起了我自己最早的童年記憶。父親從主任升任校長後，我們並未立刻搬遷到有恆路1號、四周庭院圍繞的日式宿舍。先前那個每兩戶連棟、十戶自成一個天地的集合宿舍裡，有父母親與我最好的朋友，要離開跟他們守望相助的生活，實在不捨得。

媽媽說，我們搬去校長宿舍時，我大概6歲多一點，那時的生活雖未留下多少照片，但某些景象卻比留影更為鮮明，一點都不像是五十年前的久遠經歷。比如說假日裡，門對門的中庭總有小朋友們的遊戲聲，那身影與裝扮為什麼在我的心版上鏤刻地如此深刻，不因時光的磨蝕而淡忘。我對天空中蜻蜓高飛低舞的景象除了歷歷在目之外，更特別地記得有蜻蜓時環境的氛圍。

　　直到現在，我一看到蜻蜓就雀躍無比，腦中立刻想起蜻蜓在台灣話的稱呼「田嬰」有多貼切可愛。我喜歡蜻蜓比纖細身體大很多的頭，與如梳著包包頭一般的複眼，牠們透明如紗的羽翼時停時飛的娉婷模樣，完美地保留了我對童年的一片痴心懷念。

　　環繞在那些日子中最好的記憶，其實是我對女性形象的尊崇；或許這樣描述更真切，那段集居宿舍的生活使我見識到了女性的賢慧、嚴格與慈愛，以及她們如何讓兒童在羽翼保護下也能提升，如何因著一貫的價值觀，讓自律與安全環繞孩子。這種印象使得我一生都爲迎向同樣的目標而努力。

　　學校裡幾位主任的太太都不是台東本地的居民，卻因緣際會地成爲人生最重要階段的好友。媽媽是旗山人，詹媽媽是台南人，戴媽

媽是高雄人。他們因先生的工作而遠離家鄉後，不只要迎接各自生活上的種種困難，也因為年輕友人與娘家遠在山前而感到寂寞。但寂寞並不一定是讓人連結起來的原因，心智追求的境界相似與欣賞彼此擁有的能力，才能使人成為莫逆。

幾個母親以家庭為中心，為經營出更大的喜樂而交換技能，在不便與忙碌中更彼此扶持，美好的友情構築出我們童年生活中的許多回憶。戴媽媽麵包的牛奶香、詹媽媽烤雞的漂亮金棕色，與母親千變萬化的日式料理，對當時三家加起來剛好10個兒童來說，必定都是難忘的一段人生記憶。

真正以孩子為中心的安詳氣氛，絕對無法只用媽媽們一起為小朋友們做點心的「形式」來複製。因為前者是大人以安定、盡力而為而掌握的氣氛，如果人在心不在，就只是一場社交活動。如今這種活動愈來愈多，總有大人自顧自地交換訊息而忽略孩子，也總有孩子因為感到不受重視而喧鬧擾嚷；幾個小時的亂哄哄，換來的如果只是疲倦，活動的品質就應該深入檢討。

「安定」是幸福必有的一種氣氛，使孩子感到安全的，就是大人自己先有的安定；而「安定」絕不靠口頭的承諾或解釋，它仰賴的是專心的對待，這種心情能造就值得被回憶的生活小事。

　　就像如今我印象中除了食物之外，鄰家媽媽也常聚在一起做居家的針線活。那時的母親不能不務實，所做的每一件事，即使擁有今天人們打發時間的活動外貌，其實都是以面對需要或增添家人的快樂為目的。他們想方設法利用有限的條件已成了一種思考習慣。因為學習的範本與資源都有限，挑戰與困難自然地成為最有效的訓練。我看到這些母親都很虛心好學，但他們卻不依賴別人的教導，永遠都在動腦筋、在創造。

　　每年都有幾次，媽媽們會聚在一起為家裡的孩子縫製衣服。有時候是因為孩子長高了，得放大縫份，或添製新衣；有時候是因為新年就要到來，迎節的歡欣使創意更加活躍。我很愛這種熱鬧與寧靜混合相伴的氣息；熱鬧是因為生產力的旺盛，而心情卻是寧靜的。母親們在工作中偶爾談笑的話語雖是輕鬆愉快的，手中的工作卻絕不因此而慢下；她們知道趕工的重要，因為趕著的，是孩子不斷加高的身量，還有他們期待的驚喜。

　　母親們都了解生活很現實，養育與教導不能不合併進行，因此，即使在趕忙當中，也總是能挪出時間來教一旁好奇觀看的孩子們。在學這兒、做那兒當中，有一天會的就不只是手中的針線活，還有持家待人的種種方法與態度。

　　成爲母親後，我之所以隨手就懂得拿起針線縫一朵小玫瑰花，讓花從胸前的小口袋中攀緣而出，替一件原本平凡的小衣服加點童趣；或信手剪一個小紙片黏成俏麗的小籃子來裝點心，讓孩子即使沒有特別的餐具也充滿驚喜；都是因爲記憶中有那群母親們愛生活、愛孩子的身影提醒著我。

　　時代所致，雖然記憶中前輩母親們自己的生活經驗其實是不夠豐富的，卻因爲心中充滿熱情而不甘讓想像受限制，所以，創作的驚喜便透過深切期待的行動，翩翩停留在生活裡的各個角落。

我的實作，你的靈感

學習的懲患者
早餐蛋杯套——公雞繡

不要讓手工作品變成打發時間的工作。整日伏案桌前的孩子做做此類的工作，也可以不只是用來調劑身心而已。只要經過很好的引導，任何一份作業都能完成綜合目標的作用。

以這個圖案來說，我是先讓孩子研究公雞的照片，分析顏色，自己決定深淺的配置。然後仔細爲他們解說羽毛的長法與瓦片的疊法之所以一樣，是有其防水功能的意義，因此排列的順序很重要。如此，下針時才會合理，合理才會生動。

材料／

各色繡線、草圖、複寫紙、棉布、繡花圈

做法／

01 先看著公雞照片畫出線條圖。

02 教孩子複寫紙的用法，在布上描出圖案。

03 配出繡線的顏色。

04 依照先前對羽毛長法的方向與疊合順序完成。

II

食育

沒有人能不靠食物把孩子育活、養大。但一樣的食物卻因為不一樣的餵養心情、方式與氣氛,而使人在「活下來」與「長大」之中產生了「幸福」與「不幸福」的差別。

飲食教育綜合了健康、感官、儀態、人際與美感的經驗,是所有成人應該給予孩子良善引導的生活教養。

一個家的中心

人類開始懂得構築簡單的房子以避風遮雨之時,
廚房就已經在一個屋子的中心,
它散發著溫暖與創造、安全與生產的魅力。

我常有機會與年幼的孩子在廚房工作,工作中總會一次又一次感受到,一個被善用的廚房不只能安撫孩子的情緒、深化母親的愛心,更能激發創作的靈感。雖然對多數的成人來說,在廚房實踐教導似乎是很危險、很困難的工作;但如果經過仔細思考,分別出適合孩子參與的部分,那麼,在忙碌的生活中,親子總會因為廚房而多出共處的時間,自然地挖掘出溝通的渠道。

人類開始懂得構築簡單的房子以避風遮雨之時,廚房就已經在一個屋子的中心了;一個永不熄滅的火塘,使人們可以圍繞著它而烹飪、取暖、防獸和相聚。因此,廚房從我們的祖先開始,就散發著溫暖與創造、安全與生產的魅力。

隨著時間改變,在建築還沒有非常發達的期間,廚房曾一度獨立於屋子之外。但人們日漸克服了建築上的技術,也改善了衛生問

題，廚房終究還是因為它有愛與飽足的生產能力，又再度成為居住空間的重要部分。廚房的設備不只豐富了烹飪的多樣性，還成為居家布置的發想地。只是，隨著生活供應的改變，曾經以實用吸引家人的地方，在社會商業的催化之下，又漸漸變成家庭的空洞裝飾。許多擁有一流設備、高級廚具的家，全年炊煙不舉；既不庖製美味，家人也不因它而凝聚。

有一次朋友帶我去看一個裝潢很美的房子，待售房屋的主人說自己對這個房子最得意的部分就是她那高級的廚房，寬敞、潔白、集所有高檔設備於一區，但當我看到在一塵不染的潔淨玻璃牆上，圓形磁鐵吸著一張又一張外買的菜單時，我了解那種乾淨並不是使用後的清潔心意，而是廚房已經淪落為一個房屋溫情假象的置入性行銷。

在我童年被養育的年代，如果母親不煮飯，孩子就沒有飯吃；所

以，那個時候的廚房，是一個家庭飽與餓、溫不溫暖、幸與不幸福的決定地。等我當母親的年代，社會慢慢富裕了，餐廳多了，小家電不斷研發上市，他國勞力供應也開始引進我們社會。很多女性又開始把不用煮飯當做「生活富不富裕」、「一個女人命好不好」的表徵。又過了二十幾年，多元的商業完全改變了傳統的生活步調；如今，不用做飯已不再是生活優渥的指標。只要一個人一餐有50元的預算，超商就願意24小時為他服務。非常奇妙的是，一個廚房有沒有溫度、散不散香氣，又回到它最原始的意義──溫暖與創造、安全與生產。每一天都請人代為料理飽暖的家庭，廚房再美，也是冷清的角落。

對我來說，廚房的故事是永遠說不完的。在經歷過生命的50幾年中，我先在廚房受母親的養育照顧，了解她的工作思維，觀察她透過廚房努力經營的家庭人際關係，體會女性可以「居家理而後事業成」的信心，繼而自己在廚房調教兩個女兒，設計並實踐生活的夢想。現在，我更透過與許多親子的分別相處，來領受無窮的創造力，並從自己的廚房走向社會關懷的途徑。

我覺得廚房之所以永遠都不會從家庭教育中退位的原因，不只是因為她是蘊藏各種創造力與溫情的源頭，還因為一個負責任的人，總在廚房裡了解「事有始末」的真實。再有創作能量的廚房，之後總要回歸到她的潔淨條理，一個孩子如果從小不斷地親身體會這種事

實，就不會斷章取義地把「料理」當成只是好玩，或只是美感的經驗
而已，而是踏踏實實地從購物、烹煮到清潔，有始有終地完成一件
生活事。所以，如果一個母親同意廚房是一個好的教育場所，她就
絕不會錯失美食完成後的收整工作。

我喜歡與孩子同工共處，廚房所帶給我們的快樂真是千言萬語難
以道盡。當糖霜從小小手中流出，造型跟著想像完成時，孩子的心
也跟著澎湃、興奮了起來。同一份餅乾，不同的人便有不同巧思，
它們不是材料包的固定結果，更不是商場販售的制式可愛。

但是，做餅乾是油膩又容易污染的工作，因此，它的快樂更奠基
於工作善後的品質。當我看到孩子們在做完餅乾後用我所教導的方
法，以粗糙面的擦布而不是大量的水；以仔細的心挑挖工具的細溝，
而不是草率地做表面清潔時，我了解他們所做的餅乾特別香的原
因，是因為在這個什麼都買得到的世界，沒有人能配套地販賣付出
與得到的循環快樂。

畢卡索說：「每個人都是天生的藝術家，長大了卻未必。」是什麼
使一個天生的藝術家不得不變得平凡？我想是因為他們慢慢遠離生
活因而遲鈍了感受，影響了創作。也或許是，他們被大人寵壞了，
只看到藝術感商業化的可能，只親近一件事最輕鬆容易的部分。

家中廚房好玩的工作前後的教導

與孩子清理的細節建議

01 秤材料的思考與秤完後的清理。

02 不夠乾淨與擰得不夠乾的抹布，是另一種更大規模的污染。

03 洗碗或任何工具都要注意每一個角落與彎曲之處，這便是「細心」的落實。

04 洗危險的工具，要先設想合理的方法；如
洗刷削皮器、磨擦盤，用刷子就比用菜瓜
布更安全也更乾淨。

05 洗刀子不要凌空，刀子微斜，刀刃向下。

06 水壺深處要用長刷經常清洗，不要以爲裝
清水就不會長苔。

07 不容易清洗到的細溝，可以把抹布先套在
筷子或細竹籤上再挑剔。

08 洗鍋子時，千萬不要忘了刷鍋底與鍋柄。

09 ── 抹布並不髒,好好對待抹布,廚房的工作
會隨之提升愉快。

在家吃飯

○ ○ ○ ○

當一個母親看重「在家吃飯」的好處時，
她自然就會想辦法去克服種種阻礙，
不熟的技巧也會因為常做而精進。

我常常鼓勵年輕的父母儘量在家吃飯，但這個問題多半會停在「沒有時間」或「並沒有比較便宜」的無奈討論中。「在不在家吃飯」過去是一個簡單的問題，如今卻成為一個錯綜於經濟考量、健康顧慮、與時間權衡的行動難題。但我想，這其實還是一個可以「簡化」的問題，只要我們了解這是反映個人對於「生活價值」的偏重，與「家庭飲食形式」的選擇，大家就無需再為此爭辯。

由於商業供應了種種方便，大家不是非得煮飯才能把孩子餵飽，於是吃飯才有了「在家」或「不在家」的選項。我有一位童年的朋友，自小生長在非常有凝聚力的家庭。但他婚後的二十七年，小家庭卻未承襲原生家庭的生活方式，一直不曾開伙。我的朋友收入很好，經濟無虞，妻子從未上班，但兩夫妻精算之後覺得，吃便當比自己開伙便宜，他的太太也因此能把時間節省下來去上攝影、插

花、瑜伽種種課程。孩子長到二十幾歲只看到母親的打扮愈來愈年
輕，卻從沒見過媽媽與廚房交疊在一起的身影。

　　大概從二十年前開始，台灣的傳統市場開始有了一些轉變。先是
早晨開賣的市場，攤位慢慢消退，有些竟至整區關閉，但黃昏市場
卻開始在新住宅區興起。新起的市場，賣的不再以食材為主，大半
是帶回家就可以吃的熟食。又過十年，這些看起來已經方便許多的
轉變並沒有隨著人口的增加而擴大，只因為，連去市場買熟食回家
吃的生活都算麻煩了。超商整天都有菜飯配好的便當，還月月推陳
出新，連水果也一盒盒切好放在冰箱。雖然大家熱中討論健康，卻
把飲食的健康管理全部交給他人。孩子因為父母工作時間加長與課
業繁忙，離家的時間愈來愈長，家庭名存實無，孩子日出上學，日
落卻還不回家。沒有人能回答這些改變到底是舟先還是水先；是放棄

還是妥協。

生活中有許多問題不可能有完美的答案，飲食生活也是其中一個。我們毋須與他人爭辯哪一種生活形式最好，只需要在自己確認的價值之下找到可行的方法，才能長久地執行下去。當一個母親看重「在家吃飯」的好處時，她自然就會想辦法去克服種種阻礙，與時間永遠不夠用的困難。不會的會想辦法弄懂，不熟的也會因為常做而精進。母親的工作，並不是在進行對他人的說服，而是在自己的生活範圍內把家照顧到自己心安理得，沒有自責。

在過去的時日中，外食與外出作客的經驗是一件很罕有、充滿驚喜的事；但現在的孩子即使去再高級的餐廳用餐，也未必懷有一種「珍貴體驗」的新鮮感。對他們來說，這些經驗也許只是等同於另一次「媽媽不做飯」的意思而已。父母花費的價錢，顯然沒有買到應得的經驗價值。這並非是我的猜測，而是我曾在幾個很好的餐廳看過孩子無聊地到處走動，或孩子手拿電玩機繼續遊戲，父母在一旁自顧地吃或與人談話，一邊一口又一口地餵食，或在他們被其他客人白眼時低聲斥責。

記得很久以前，我曾在一次演講中對父母說，如果因為很忙而買便當回家吃，請記得要把便當盒蓋剪掉。場中立刻有人出聲問道：

「爲什麼？」我說：「因爲我常看到一家人在餐桌前埋頭吃便當時，臉被便當盒蓋遮住了，看不到彼此，所以無法互相表達關懷。」當時大家都笑了，生活中似曾相識的影子也許浮上他們的心頭。如今，遮蓋一家人的，已不再只是便當盒蓋了，還有手機隨時進出的訊息、遊戲機和下載的影片。

吃飯有沒有可能再回到一家人對坐，隨著身體獲取營養時也進行彼此關懷、心靈養分運輸的活動？「在家吃飯」有沒有可能繼續擔任一個孩子了解「家庭」的活動媒介？就算365天都吃便當，都不想洗碗，在便當的另一頭，我們以孩子的心情來想，他們會不會期待有人關心他們的存在？

我的實作．你的靈感

從最簡單的做起，鼓勵你在家吃飯

優格玉米片

為讓時間不夠或怕麻煩的家長能盡快動手，我從最不需要「熱處理」的早餐說起。這份簡單的早餐至少有三大好處：前一晚可以準備起來、一片清涼、營養均衡；夏天的早上，請給孩子們一份晨起的鼓勵吧！很多孩子天天面對相同的早餐與緊迫的時間，胃口都不好。如果媽媽願意做一些優格起來，前一晚切些水果放在保鮮盒裡，早上起床再花個幾分鐘煮個白煮蛋，就可以很快備好一份開胃又飽足的早餐。如果有剩下的優格，還可以打成水果優酪奶，放學後當點心。

材料／

鮮奶1000cc、市售原味優格1小瓶

做法／

01 用一點水把鍋與攪拌器煮至水滾，滾1～2分鐘後把水倒掉，讓鍋自然乾。透過金屬的熱傳導，這些器具已完成殺菌。

02 倒入鮮奶，在小火上攪動，牛奶升溫至40度左右。如果沒有溫度計，可滴在手上探溫，比體溫高一點就可關火。

03 把市售的小瓶優格倒入牛奶中，攪拌均勻後用保潔膜封起來。在屋中曬不到太陽的溫暖之處擱放約8～10個小時（如烤箱內或電鍋內）。直到凝成如豆花狀，就可以進冰箱。

04 請記得每次去攪或挖取優格的湯匙都要是乾淨、乾燥的。做好的優格也請先留1杯起來，當成下次繼續要做的菌種。

白煮蛋

分心是幫助人離開處境的好方法，當孩子為起床而生氣時，不用跟他僵
怒於一處，問他，早餐要一個半熟蛋或溏心蛋？有效地轉換生活的氣
氛。蛋殼上的笑臉，也許可以讓孩子感覺到，與人相處，快快樂樂也是
一種義務。

材料／

常溫生蛋

做法／

01 全熟蛋：冷水中就可放入生蛋，小火慢
煮，滾3分鐘後撈起。

02 半熟蛋：水滾後放入蛋，滾4分鐘後撈
起，不沖水。

03 溏心蛋：水滾後放入蛋，維持大滾4 ～ 5
（視蛋的大小）分鐘後撈起，立刻泡在有
冰塊的冷水中。

快樂家宴

為了讓賓主都能盡歡，舉辦家宴最重要的第一項便是：
開出一張合理的菜單。

有位年輕媽媽問我：「要怎麼做才能從容優雅地在家宴客？」她接著細述自己多麼想把我一再強調的生活實作透過一場親自下廚的家宴與好友分享。「可是，Bubu姐，我不知道哪裡做得不夠好。那天，我們兩個媽媽從下午忙到晚上，等大家都坐定用餐時，我們都感覺好累了。那忙亂似乎不但沒有說服我的朋友，反而讓她質疑為了一餐這樣辛苦忙碌，到底值不值得？」這個努力的媽媽雖然帶著小小的失望，卻仍徵詢我的意見，想探尋出更好的方法，讓我很感動。

我問了那天她所開出的菜單，也得知當兩位媽媽正在廚房大顯身手張羅晚餐時，五個孩子是被安排在另一個房間看電影。於是我分為兩個部分給了她一些積極的建議。

從菜單上看來，這場家宴的確豐盛，問題是，有好幾道菜的做法

是要用到烤箱的，所以，那些佳餚就得排隊等設備、然後一道道上桌。這是餐廳出菜的方式，並不適合沒有專人服務的自家。家庭宴會一定要考慮賓主必須一起歡快享用，最好避免形式牽制了主人或太顧及演出而減損意義的狀況。想想看，如果女主人忙著在廚房與餐桌之間進進出出，汗流浹背地慌亂張羅，客人又如何安心享受招待？一片熱忱無端失溫，是多麼大的損失。為了讓賓主都能盡歡，舉辦家宴最重要的第一項便是：開出一張合理的菜單。

除了菜單之外，聚會的主角當然是人、是情感，所以，讓大家都有參與感才是宴會的目的。如果客人能因為參與一部分的備餐或取食的工作，而使氣氛更為融洽，主人又何樂而不為呢？特別是有孩子參與的家宴，更不要把安頓孩子當成負擔。邀約孩子一起動手，讓宴會除了用餐時的口腹享受之外，還有愉快的情感流動。

　　我小的時候，總是非常期待父母在家宴客。雖然我們的家宴分為孩子也能同桌共食，和只有大人上席用餐的兩種。但無論是哪一種類型，母親都讓我們一起做準備工作，這些經驗除了把我們訓練成與母親同工時很有默契的能幹小助手之外，並在不同的參與資格中，認識了人際關係應有的位置。場合、年齡與合宜的表現，如果不透過如此真實的教導，進退得宜的教養很難落實。

　　我喜歡母親理性的考慮，即使那一天的家宴是孩子不能上桌用餐的聚會，她也會因為我們在準備的過程中盡心盡力地幫過忙，所以很體貼地在擺盤前，把某些食物分裝成小分量，另放在一只漂亮的盤中，讓我們別處一室享用同樣的隆重愉快。因此，我們就不會起窺探之心。孩子不守紀律的越界，經常是因為沒有人安頓他們而作亂。當我透過食物感受到尊重，我更了解飲食教育的力量。我認為母親這樣的考慮，實在比現在很多孩子雖被允許坐在大人席上，卻時時受到喝斥或完全被忽略，更有溫情，值得學習。我們並不需要勉強把孩子放在大人的席上，以致他們不應該地插嘴，或無聊地鑽探於桌面調皮搗蛋之後，賓主才尷尬地以孩子的舉動敷衍談笑，攪壞一場原本品質應該可以更好的餐聚。

　　家庭聚會如果能邀約孩子一起製作食物，當然會有更美好的互動。無論是多小的孩子，只要成人願意耐下心來思考所有食物製作

的過程，一定能找到適合的工作請他們幫忙。這不但可以使聚會的氣氛歡樂融洽，也不必另外挪出時間、使出精神來鎮壓他們。我常看到小朋友因為無聊而不斷喧鬧，有時制止不住了，成人發怒。原本高高興興要開一場宴會的心情，卻在混亂中暴躁起來，這是多麼矛盾的狀況。

有小小孩的家庭，家宴要選午餐而不要考慮晚餐，因為孩子的精神與體能狀態是活動愉不愉快的條件之一。如果大人在不適當的時間帶著孩子參與活動，卻不能敏感於孩子已無法勝任。這對孩子也是不公平的。所以，選擇對的時間是家宴成不成功的因素之一。

在講究群體關係、人際接觸的社會中，不要讓宴會變成情緒與身體的負荷。接下來，我將分享一場非常簡單可口的午餐家宴。這樣的一餐，無論是備餐或用餐時，孩子都有動手的機會。相信他們長大之後，也會像我或我的孩子一樣，在腦中牢牢地記得，自己曾與誰有過快樂的相聚；在這樣的聚會中，他自己又曾親手做了哪些美味的食物。在累積足夠的美好經驗之後，食物對一個家庭來說，就不只是用字眼形容的感受，而是一種愛的連結與心靈的撫慰。

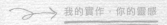

五彩繽紛的南美餐桌

材料／

市售玉米餅、番茄、洋蔥、香菜、檸檬汁、豬或牛絞肉、
墨西哥香料粉、酸奶油(或用鮮奶油自己做)

做法 /

01 把新鮮材料切成小丁，各一半的洋蔥與番茄與絞肉拌炒，炒熟後加入墨西哥香料粉調味，做成肉醬。

02 擠出檸檬汁後，跟留下的番茄細丁、洋蔥細丁加糖與鹽拌成醬（最好醃泡過一夜）。擠檸檬的工作連小小孩都可以幫忙。

03 用做優格的方法（請參考第86頁）把鮮奶油做成酸奶油。

04 在桌上漂亮，並方便地陳列出所有的食材。一定要讓孩子一人有一只稍大的盤子，教他們把材料聚於玉米餅上，小心入口。千萬不要放任灑一地後再收拾，因為這是食育的禮貌教育，也是外食方便後，孩子最缺乏的環保教育。

春遊便當

○ ○ ○ ○

每個孩子都喜歡同桌共食的歡聚之感，
只要面對費心製作的共享餐盒，
他們就可以感受到自己被父母珍惜的感覺。

無論家庭經濟力如何，當一個母親投入家務並經營得力，就能使孩子得到舒適的照顧，以此延伸生活樂趣。

一位精神愉快、把生活過得趣味盎然的母親，透過慧心與巧手撫育孩子，她自己就是幸福的詮釋者與責任力行的說服者。這與所受的學校教育高低無關。在這種生活情境下成長的孩子，是透過懂得生命內在的意義而了解行動的力量。其中的財富，豈是我們今天漠視生活、只想追求金錢所能換取的。

前陣子，跟先生去探望公公時，看到爸爸起居室落地窗外的一棵山櫻花已盛開；那天微風吹，春爛漫，青苔間生的石徑上深淺的粉色花瓣讓人想起了陶淵明《桃花源記》中落英繽紛的景象。我們到附近散步時，看到許多人也在賞春。眼前的綠意、春花與人聲，讓我想

起休閒意識抬頭，雖是增加了親子同遊的機會，但似乎愈來愈少見自帶食物去野餐的家庭了。休閒產業隨著各景點的興名而繁立，景點區的店頭裡常見趴在桌上玩累餓垮的孩子們，那景象與我小時候難得一次郊遊的振奮精神很不相同，因爲，當我們餓的時候，打開的，總是母親爲我們提前製作的餐盒。

「美食」對不同的人有不同的定義。在杜甫的「贈衛八處士」詩中，二十年後重上故友家的餐桌上，光是春韭與不能盡一的雜糧飯，就已經是感人的盛情款待。而李白因爲「行路難」的心情，即使值萬錢的金樽清酒與玉盤珍饈也完全沒有了食欲。我想，「美食」最基礎的，總是心情。對一個孩子來說，愉快、安心所享用的食物才叫美食。不管廚藝好不好，一個能靜下心來爲孩子準備食物的母親，就已經給美食一個最好的條件，孩子一定可以感受得到。

大家都愛討論母親這個職務的辛苦，如果工作量少一些，好像心情自然就會穩定一點。工作量的多寡與情緒的穩定之間到底有沒有絕對的關係，我心中並沒有確定的答案，只因自己的母親常常工作太忙，假日無法留在家裡，所以就藉用親手做的料理來代替對我們的陪伴。當了母親後的我也非常忙碌，於是了解自己的媽媽必須利用百忙之中的所有時間來完成責任，以減少對孩子的掛念，因此，她與我的愉快與穩定，都是用更多的工作量所換來的。

我們家的磚廠看天吃飯，而不是看著月曆休作。只要太陽一出來，工廠的機器就啓動。我小時候很渴望母親在家陪我，但這類的失落對我一點都不陌生，才偷偷高興假日早上起床時天下著雨，但一、兩個小時後，如果太陽顯出一點善意，母親就已整裝待發，聯絡工人從各處就定位了。多年後，我曾對這樣的心情有過很安靜的思考，我覺得孩子一時的心情固然很重要，但父母親努力工作、爲保護孩子穩定的成長、有資源受良好的教育也很重要，在「親子愛」與「家庭愛」這件事情上，我希望自己不犯上「見樹不見林」的毛病。所以，我可以理解父母親之所以不能更多的陪伴我，並非忽略，而是不得已。

小時候，媽媽常常需要早起做好一盒盒食物才出門工作。我們兄弟姐妹四個孩子在家，也不因爲沒有大人陪伴而隨意打混時間。我

們除了彼此督促把功課做完、分工打理家務之外，當然也歡喜地遊戲或小耍鬧。不過，最期待的無非是可以去海邊游泳的黃昏時刻；媽媽出門前先為我們準備好的餐盒，使整趟活動達到歡欣的最高點。

也許是因為母親自小都為我們做共享的大野餐盒，所以我不喜歡一個人一份的餐盒。雖然一人份的便當有方便性，卻讓我感到寂寞。我猜，孩子就是喜歡同桌共食的歡聚之感，面對費心製作的共享餐盒可以感受到家庭的意義與自己被父母珍惜的感覺。

母親也在為我做餐點時教我一件重要的食物科學：凡是要久放或外帶幾個小時之後才享用的便當，都要選擇涼了也合適的食材與烹煮方式。最重要的是：擺放的手法，一定要把自己對生活美感的感受陳述其中。一個野餐盒能不能營造出豐富之感，與其說是技巧，還不如說是用心準備與事先周到的考慮。雖然是簡單烹調的材料，如果備材時已想到顏色與味道的協調，那麼，裝滿盒中的食物也能輝映明媚的春光。

帶著孩子一起準備春遊便當，讓他們在動手之際，找回一些或許被過度方便所剝奪的小小幸福。

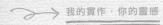

愛心與匠意
做春遊便當的思考

出遊時掀開便當的饞腸轆轆會增加盒餐的美味與幸福感，這是先辛苦後享用的價值。

雖是盒餐，排列與即席大餐一樣重要。同樣的食物會因為排列得宜而更好吃。如果你已經完成食材的製作，可試著換換相伴的位置。你一定會發現實作的心得。就好像在串那蒟蒻與蔬菜球，不把每一串都以同樣順序排列，會讓它們看起來更有童趣些。

油膩感是涼食的大敵，但出遊的便當大多得冷食，因此，如果食材中有調理後油多的食物，先吸過油再擺入盒中。在一盒食物中，味道的輕重分配與甜鹹調和當然應該以家人的喜好做周詳的分配。「愛心得匠意，則傑作在望」，說的雖然是藝術品，但一個春遊便當不就是母親創造愉快生活的藝術品嗎？只要有心，還肯動手去做，你的家中也會出現讓孩子眼睛一亮的飲食傑作。

① 彩球串

市售的球形蒟蒻非常可愛，汆燙過後用一點醬油、糖、柴魚粉與紅白蘿蔔球滷煮，既簡單又好看。紅白蘿蔔不用特別用挖球器挖成圓球，那種完整的圓跟蒟蒻球的樸拙之感反而格格不入，大小也難以相配。就依買來的蒟蒻球的大小為依據，把紅白蘿蔔先切成方塊，再用削皮器修圓就好。

讓家裡的小朋友想想看並動手做做看，他們一定能交給你品質超越想像的成品。

② 飯糰

出遊的飯糰可以包味道較重的內餡，如果撒上不同的調味粉，如青紫蘇、紫紫蘇，或青海苔，除了味道之外還可以增添顏色。

③ 魚或肉

出遊便當的菜色要確保安全，因此，無論魚肉都要以完全煮熟為考慮。魚肉殺菌的觀念不只是溫度要夠高，烹煮的時間也要夠長才算安全。

④ 厚煎蛋捲

無論是日式的玉子燒或中式的青蔥、紅蘿蔔蛋捲，都很適合為外出野餐籃增加顏色與風味。

愛與愛宴

幸福絕非僅是叮嚀或贈與，而是一種傳達與展示。
除了自己好好工作、好好生活之外，
我想不出有任何其他方法可以培育一個熱情的孩子。

八十多歲的母親每次看到我教小朋友的上課照片，總是忍不住眉開眼笑地嘆道：「怎麼每個孩子都長得這麼好啊！」然後，她從老花眼鏡中抬起眼睛凝望著我，給我一個非常嘉許的肯定說：「你對孩子們做這些事很好！非常好！」

每個人都希望得到父母的肯定，即使我已經五十幾歲了，聽到母親這樣說，還是難掩興奮。事實上，現在的我之所以能對孩子做這些事，就是因為母親已先給足了我許多生活的感受，使我深信，一個成人可以透過日常小事來為孩子詮釋生命的美好。

幸福絕非是一種叮嚀或贈與，而是一種傳達與展示。除了自己好好工作、好好生活之外，我想不出有任何其他方法可以培育一個熱情的孩子。當我們脫口就說「生活力」的時候，自己當然更要展現好好生活的能力。

　　我的母親之所以讚許我，是因為她想起了日據時代的前塵往事。她回想起幸福的感覺是由大人播種在孩子心田的圖像與影響。她告訴我說，自己上小學時很受老師疼愛。有一天，與班導師同住的另一位女老師要回日本，所以單身的女老師徵得我外婆的同意，讓小四的媽媽去跟她作伴幾天。母親回憶那幾天早上，她從老師家起床梳洗之後，看到餐桌情景的感覺，對孩子來說，那份早餐的驚喜是孩子無法言傳的愉快。

　　六、七十年前的旗山鎮，當然不可能有冷氣；但夏日的早餐桌上，她的老師已經想到許多消暑氣的體貼與美感。老師幫她準備了一盤倒扣在盤上的蛋炒飯、一小碟醃菜、一杯冷紅茶和一份水果，細心照顧她好好吃完早餐後，才帶著她一起去上學。那種觸動，孩子雖說不清，卻至今難以忘記。母親一定是把自己孩童時的心情交疊在我給她看的照片中，她喃喃地對我說：「真可愛！真可愛！那些

孩子一定會記得你給他們那種幸福的感覺。」

我很謝謝媽媽對我說起這段陳年往事，因為，如果不是她讓我知道孩子領受情意的心情可以如此難忘，我也許無法持續地把這份對我的年齡來說頗為勞動的工作，用新鮮的心情好好地做下去。我原非想要長久直接提供這份幸福的經驗給小朋友，而是要藉著活動來說服父母親，緊抓住生活的各種界面，用最簡單的形式對孩子表達愛與關懷。後來漸漸無法放手了，我藉著一些與大人同工的機會，說明用實作傳達生活創意並不難。希望自己所做的事，能成為一種有形的啟發。

「愛宴」是相聚的好名詞，但不應該只著重在「宴」字的形式，應該讓「愛」來充實「宴」的意義。當孩子在一群熱情的大人身邊生活，他們自然會懂得生命為什麼可貴。活力根基於服務，而創意是行動充滿變化的真實。他們不再是在愛宴中只懂得吃外送的披薩、炸雞或烤鴨三吃的孩子；而是像我小時候一樣，能看到手中握著少數條件，但心懷無限愛意的母親，努力做出使孩子們開心滿足的食物。小時候，我曾一次又一次驚嘆地想著：「大人怎麼這麼厲害，我要趕快長大，跟媽媽們一樣！」

在加入成人生活的期待中，我不只成為母親，中年過後還成為生活課堂上的老師。我所歡喜的幸福愛宴，在自己家中或與他人的共

處中，都發揮了最穩定的力量。有一個颱風過後，課堂學生給了我一封信，這封信使我想到生活無論處於什麼樣的景況，並不是食物的華麗創造人的記憶，而是製作食物時我們想讓他人感到幸福的一份心意產生的作用。不過，這樣的心絕不可從為他人開始，而要由近而遠從自家做起。在顧不了家人之前，不要愛宴於他人；因為愛的習作由齊家開始絕不會錯。

親愛的Bubu老師：

日昨閱讀課驚見工作室受蘇迪勒颱風肆虐的慘狀，我心裡暗想，工作室已淪為受災戶，倘老師緊急通知停課，同學們勢能體諒、必不見怪，孰料，老師竟能立即援引此次風災受創的實例為授課題材，將杜威「生活即教育」之主張具體實踐，簡直太契合這次閱讀課「民主與教育」的主題了！

中午用餐，一眼瞧見松花堂套餐，我幾乎要「哇」的一聲叫出來，想到老師和工作室夥伴在忙不迭停處理災後現場之際，猶不忘為學員們料理如此豐盛一餐的心意，心底暖流潺湲不止……是故，午餐我是懷著無比感恩的敬意，珍惜享用，並且吃得粒米不剩。

謝謝辛勞真誠的各位！

Nikky 敬上

我的實作，你的靈感

準備愛宴的思考

在動手準備一場愛宴時，我會思考幾個要點：

POINT 01 依相聚時間與屬性來思考甜鹹點心的比例分配，例如一場下午茶宴或跨主餐時間的聚會，食物的考慮就會有所不同。

POINT 02 依每人食量來估算樣式與份量，不讓剩菜變負擔。

POINT 03 依準備時間與人力來思考複雜的程度。

POINT 04 依現有的餐具，加強擺設的趣味與豐富感。

準備過程中，不需要過於擔心餐具的部分，如果我們願意讓創意自由飛翔，通常會有更好的表達。只要了解擺設時，高低層次與排列都可能轉換不同的美感，有限的器物就不會是創意的限制。

感恩餐

謝師宴也是重要的教育。

透過這樣的餐聚，不只教感謝，

還教孩子以自己的能力行最深感謝的方法，

和顧及他人感受的禮貌。

華人世界雖然依舊使用農曆，但多數人已習慣在12月告別一年。當燈彩從商店與街景中亮起時，即使是沒有宗教信仰的人，也應該會回顧自己一年的生活點滴。對我來說，12月既是多愁善感的歲末年終，也是迎向無窮希望的新起點。

我曾在許多國家度過不同的12月，當商業氣息過度以物質催化節慶氣氛之後，我更體會到年終真正的豐美應該是在家營造的安詳氣息。於是愈來愈不傾向添購季節過後無處可收的飾品，而轉向靜心珍惜生活已有的器物，並自省思考一年來的進與退。12月，是寧靜致遠的月份。

感恩不必是節日，但如今人們卻更習慣以感恩之名行同樂之實。

一年當中，大家不只慶祝感恩節、母親節、父親節，連小朋友都開始在畢業時舉辦「謝師宴」了。我們讀大學時也有謝師宴，但高中以前是沒聽說過誰在辦謝師宴的。

　　想起來也很合理，大學生還能兼家教或打工賺點錢來負擔謝師宴的費用，高中以前，多數人都靠家中供應，在餐廳豪華辦「謝師宴」，對以教育為重的老師們恐怕也是消化不良的一餐。但是，家長的想法偏頗了，因此這十幾年來，我看到謝師宴愈辦愈豪華，從小餐廳移師到大飯店；從本來只是班上師生聚餐的規模，擴大到親師生的家人同聚，宴會摸彩，禮物分贈，全都不是孩子自己的本事。

　　我們全家曾在2000年回台灣一年，那年，小女兒在台灣完成小

六，我因此有機會見識到小學謝師宴的運作方式。因為孩子沒有能力如此謝師，所以宴會是家長以成人的身分來表達謝意，既是如此我認為應該考慮多數家長的能力與想法，而不是由少數社經地位特別好的家長掌握一切。因為，一場謝師宴也是重要的教育。透過這樣的餐聚，不只教感謝，還教孩子量力而出，以自己的能力行感謝，並顧及他人感受的禮貌。

我所知道最好的謝師宴是多年前去豐陽國中教一群男女生做點心。那天，到沙鹿時，我有點擔心自己能不能帶得動這麼大一群青春期的孩子，但動手之後，他們都專心跟上了我的步伐，過了很踏實愉快的一天。最讓人高興的是，他們在畢業前運用了我們當天教學的內容，給老師辦了謝師宴；這才是最合理、最誠意的謝師方式。

動不動就帶孩子去吃大餐以為犒賞，已經成為這個時代父母或師長們對待孩子的方式。也許本來並無意以此討好孩子，但習慣之後，就難免成為一種犒賞的默契。在這件事上，有一位教練的教育眼光真讓人佩服，很想說出來與親師分享。

知道這件事是因為我去板橋國中演講，開場致詞後，教育局副局長與校長匆忙離開，他們致歉說因為學校的球隊得了獎，有個重要的協商要議定。演講結束前，兩位又回到禮堂，之後，校長說了一

件讓我很感動的事。因為球隊奪冠的好消息太令人振奮，因此家長會長提出要請隊員們去吃大餐，但教練替孩子們婉拒這番好意，他說：「得到冠軍就已經是最高的喜樂了，不必要再用吃大餐來另外犒賞孩子所得的榮譽。」

那晚，我帶著愉快的心情離開了板橋國中，在夜色中開車回家時，心中充滿了溫暖與希望。品德教育何必遠求，當這位教練說服其他的大人不要以大餐獎賞球員時，他不是替孩子婉拒一場歡宴，而是保住了他們全力以赴的精神與價值。

我的實作，你的靈感

小朋友給老師的集體創作——一人一朵，請您記得我的「花圈卡片」
春風花開感恩卡

一種難以收存的禮物稱為「白象」，讓我們替老師們想一想，幾十年來的
春風化雨，謝卡自然很多，如果太大，就難以收存，因此，用心做的、
小而精緻的卡片反而可以讓老師們永遠珍藏。千萬別做成大海報。

材料 /

色紙，如有兩三種質材，做起來更生動

做法 /

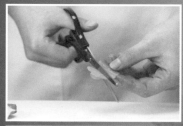

先剪出一朵五瓣形的花，五瓣中選出一瓣
的凹處，從凹處剪一刀直抵花心，而後把
其中的兩瓣相疊起來，變成四瓣，如此，
花就自然因底部的錐形而整朵出現立體
感。同樣的工法也可以用於食材(如圖2
的右盤就是紅蘿蔔花)。

滿溢回憶的飲食時光

○　　○　　○　　○　　○　　○　　○

對很多父母來說，家事是比較接近於勞務的操練，
雖然也樂意孩子多多學習，
卻難以想像一個家的廚房能交織出多少美妙的親子對談。

《親子天下》請我開「生活筆記」這個專欄時，我本打算擬一封去信推辭這盛情的邀約；因為專欄不會一次結束，而圖文兼具的形式，從醞釀到成篇要花費許多心思。除了擔心自己日久做得不夠好之外，我也害怕在負擔已重的工作中再加一樁新的責任。

打算寫信那天，剛好是我難得的休假日。早餐喝咖啡時，小女兒Pony神祕地預告說，她要為我們做一餐精美可口的午飯。

整個上午，我沒回書房，繼續在餐桌前整理稿件與一些文書工作，並沒有不專心，但眼角餘光卻不停瞥見孩子忙碌的身影進進出出。一種奇妙的幻覺使我感到迷惑，那穿梭在眼前的大女孩，不就是大學時代的自己嗎？喜歡為家人下廚、喜歡在生活中找盡小事來創造快樂與驚喜。有幾次，我從工作中停下讓眼睛休息片刻時，才終於確定，餘

光恍惚裡伶俐的身影，不是三十年前的往事，如今興味十足、正在大玩生活家家酒的，其實是我19歲、正在上大一的小女兒。

等Pony忙完那餐，慎重地邀我坐上擺設完整的餐桌時，我一眼就看到陽光從百葉簾穿透而來，光與影溫溫柔柔偏照的松花堂餐盒，與一杯淺綠清涼的日本冰茶。那繁花似錦的各種食物迎在眼前時，竟使我心念一轉，我突然決定要接下這個專欄；好想用一種自由的筆觸與鏡頭所捕捉到的畫面，來分享生活中不斷出現的小小幸福。

我們全家坐下來享用那份用心調製的午餐，每夾起一口，就使我想起帶著孩子到處移居、慢慢長大的生活故事。

三小塊沙朗牛排上那匙塔塔醬，代表的是曼谷八年的許多回憶。

我常常在黃昏去等校車，姐姐已在高年級，學校活動多，搭的是第二班校車。我牽著先回到家的Pony小小的手，走到Villa超商買牛肉，準備晚餐的飯菜。調塔塔醬時，她在一旁擠檸檬、切百里香，揮動每個孩子都愛不釋手的打蛋器與橡皮刮刀。我當過孩子，當然知道那攪與刮的動作之間，腦中可以幻化出多少千奇百怪的想法。孩子在不斷反覆的生活經驗中慢慢長大了，他們成為能用自己的心意設計生活、用自己的雙手變化快樂的大孩子；而我也慶幸自己沒有斷裂長輩們曾給我的生活傳承。

Pony為什麼會做這樣的午餐？這其實只是家庭經驗的重述。

記得剛添購日式四格餐盒時，我曾跟孩子講起松花堂便當之所以成為一種經典料理的故事。雖然那景象已經好遠、好遠，但自己說著故事的聲音卻清楚地迴盪在記憶的耳邊：「松花堂昭乘是一位老和尚。他是一位書法家與茶道大師，常常用四個方形容器擺成田字型，在那些格子中安置他的畫具與菸器。三百多年後，有位茶道家與料理家湯木貞一拜訪松花堂的茶屋時，看到歸放在木盒中的四個容器，突然得到一個靈感，他覺得可以試著把一份茶懷石料理同時表現在容器中，於是創造了這個特別的飲食形式。」

記不得二十幾年來，自己當母親的心情，有過多少次像如今女

兒動手為我們做一餐時的同等興奮。用各種付出使他人能感覺到快樂，我相信就是愛的推力。這種情感與經驗，慢慢從我的手中傳向孩子的指間，新生出更豐富的愛。

　　我希望能在小小的文字與圖片欄格中，像松花堂便當那樣美麗地置放我對生活的感受，跟讀者分享我在生活中用「心」與「手」捕捉到的吉光片羽。它們也許是回應季節贈禮的一份小小手作，也許是訴說餐桌豐美的一份食譜實作，也許是透過孩子所看到的教養反省。無論如何，我期待的是，在自由的主題之下、在平凡的生活流動之中，證實幸福的感覺，提醒大家，生活的確是活生生的！

　　對很多父母來說，家事是比較接近於勞務的操練，大家雖然樂意孩子多多學習，卻難以想像一個家的廚房能交織出多少美妙的親子對談。

　　Pony有一天為我們做猶太辮子麵包（Challah Bread）當早餐時，我發現她除了被喜歡家事的母親撫育長大之外，還有現代孩子能快速搜尋資料的優勢，因此沒有理由不做得比我更要好。

　　我看她是這樣做成這條麵包的。先從網路上找到編麵包的資料，然後在自己的筆記本裡畫下步驟圖，那種方便是我們這一代人年輕

時不曾享有的。那天，我一邊跟她聊天，一邊看著她按圖索驥交織著幾條「麵包腳」，摸索探尋著方法時，就像在玩傀儡戲；有時亂起來，也像醉鬼的腳步，非常可愛！工作與遊戲的差別，絕非在態度，而是一種心情體會。父母親若能了解這種奇妙，就不會把做家務當做是孩子的負擔，而是另一種「遊戲」。

在她編麵包的時候，我從書架上抽出「哈利酒吧」的食譜，跟她說，改天一定要試試他們的晚餐捲，那是我所吃過最好的。孩子問我：「在哪裡買到這本食譜？」我說，就在威尼斯的哈利酒吧（紐約也有一家）。她又問：「媽咪，你為什麼會知道威尼斯有哈利酒吧？」我說是因為海明威在他的書中提過。

當我們說起海明威，馬上又想起有一次全家一起從新加坡去費城探望Abby，在那漫長的飛行航線上，我們曾一起窩在燈下看《流動的饗宴》。然後，我們又從海明威談起他的好友費茲傑羅，還有他那本著名的小說《大亨小傳》。我看著她一邊編麵包，一邊對我描述自己對那本書的感受與評論，想起這樣的連結，十幾年來已經成為我與孩子們交談的方式，彼此的思想透過生活不同的面向交換價值。

又一天，Pony擀著一片片的Tortilla，是因為要在隔天包墨西哥餅捲當午餐。一邊做時她說：「媽媽知道嗎？雖然現在什麼東西都買得

到半成品，可是我覺得因為這樣，我們更需要試著從頭去做一份完整的食物。要不然，會弄不清楚這些東西是怎麼來的，也不知道食物與生活發展的關係。」她輕輕笑著又說：「有一些孩子從來不知道各種麵食是從穀類做成的，還以為天生就長成那樣呢！」

我覺得很有意思，在這個什麼都買得到的世界，能聽到新世代的孩子這樣說的感覺真好。使我更相信，人類對生活的愛是一種最原始的情感。如果他們不了解，一定只是因為沒有被好好帶領。

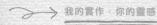

我的實作，你的靈感

塔塔醬配麵包薄片

材料／

1又1/4杯美乃滋、一條酸黃瓜或1/4杯酸黃瓜醬、一小把巴西里碎末（如果沒有，可磨檸檬皮代替）、一大匙檸檬汁、一大匙洋蔥細末（愈細愈好）

做法／

01 把所有的材料攪拌均勻。塔塔醬的特色是醬內的顆粒，所以，如果你把這些材料放入食物調理機，也不要打成滑漿的泥狀。

02 冰入冰箱，食用前再拿出。

變化／ 加上一小把羅勒細末，或黑橄欖，調成另一種風味的塔塔醬。

III

行導

良好的價值與合宜的行為都不是一次性的學習。「知」需要灌溉，「行」需要引導，我們每一個人的成長都仰賴長期的關懷與適時的修正。

帶孩子有愛心並不是無所不包容地忍耐，而是教導者以自己的良知為基礎，深切期待被教導者能不斷進步所採取的行動。

「不會做」與「不想做」

「不會」是未受教導的結果，解決的方法很簡單，
不管幾歲，所有「不會的事」立刻教，總有學會的一天。

我喜歡把「教育」這兩個字分開來想。育偏重於物質照養，「教」則分兩部分；一是引介一份新的知識或經驗給受教者；另一是糾正原本錯誤的觀念或行為。「家庭教育」項目瑣碎，成功的要訣在於教導與練習都要「持之以恆」。父母如果只是興沖沖想起家教的重要，時做時停，通常很難有所收穫。

「捨近求遠」是現代生活教育的狀況之一。我們談得多、做得少；方法多、實踐少；美其名，捨其功；熱情盛、耐力短。事實上，生活教育最不需要化為議題大肆討論，因為它的內涵很清楚，就是成人帶著孩子好好生活、惜物愛人，盡每個人在家中的責任，外出時尊重環境一如尊重自己的家庭。家庭生活可以培養工作能力、責任感和愛，本是每個人都要修習的功課，我不懂為什麼九年國教改為十二國教之後，大家才開始覺得生活教育很重要。

生活教育一如學校其他的知識教育，可以經由作業來練習以鞏固
觀念；這些練習的場地就在家庭、學校與周遭環境當中。如果親師價
值一致，師生好好合作，成效便很可觀。

幾個月前，我去演講時看到學童在吃營養午餐。小朋友們吵雜慌
亂地拿著一個大不鏽鋼碗或便當盒，飯菜不分地布滿一碗。氣氛慌
亂急躁，讓人看了很難過。當時我心想：時代真的進步了嗎？四十幾
年前，在我成長的故鄉成功鎮，爸爸擔任國中校長，能開辦營養午
餐是很不容易的事，卻是學生的一大福利。尤其在資源頗為不足的
山鄉海鎮，學校等於是「日間父母」，所有的老師齊心協力想給學生
更多的生活照顧，如果有營養午餐，關懷就更落實了，也能進一步
改善孩子們的營養與健康。父親花了很多心思集合心意與物力的資
源，期待「營養午餐」能名副其實。他知道透過「吃飯」這件每天必

然發生的活動，孩子能得到身心的健康並養成良好的生活習慣。

我曾參觀過爸爸學校裡辦的營養午餐。學生一人一個鐵拖盤裡，飯菜分開，乾乾淨淨。大家用餐時安詳愉快，很享受的感覺，不像現在的孩子，匆匆進食，有的要趕去安親班，有的是因為老師許以先吃完飯的可以去玩，更囫圇吞棗。

吃飯本來就該是一種嚴謹的生活教導；可惜的是，這樣的教導卻在更進步、更有資源的社會中退化，我們的教養往偏路行，父母不重視平日家庭生活的餐桌教養，卻帶孩子去上高級餐館，開闊眼界。教育價值無法統一，孩子的舉止當然就不能自然合禮。因為所謂的教養，並不是講究享受、了解國際禮儀或認識名牌器物；而是對生活有感知，是在自己的家庭生活中培養起來的規矩。

這幾年來，我看到很多孩子吃飯時弄髒嘴角或雙手，總是舉起袖口或拉起衣擺就直接擦拭。我在自己課堂餐桌上努力地教導孩子習慣使用餐巾，慢慢也成習慣。沒想到有一次，當我為一位幼稚園的小朋友打開餐巾紙的時候，卻引來她的嚎啕大哭。經過一再詢問，才知道她因為在家不曾這樣用過，所以不想用。我一方面對現在孩子還不解人事就習慣把自己的感覺擺在第一位而感到憂心；另一方面也更相信，家庭還是擁有最大的教育力量。對孩子來說，父母的教

導最值得信賴；所以，成熟的父母是孩子的福氣。

我常常想，教育的目標就是要把眼前的孩子培養成將來可以獨當一面的成人；那麼，這其間的生活練習怎能荒廢。對於生活，我們不單要「了解」，更要「建立」；不單要建立，也要修正。有些父母從來都不給孩子做事的機會，等孩子長到成年，又反過來抱怨他們什麼都不會，這是自相矛盾的。「不會」是未受教導的結果，解決的方法很簡單，不管幾歲，所有「不會的事」立刻教，總有學會的一天。

生活事並非愈大就愈不能教，單就技術面來說，年紀大學起來更容易，因為理解力夠，教起來輕省。怕的是孩子「不願意」。

父母應該了解，「不願意」應該歸屬於「責任感」的問題，是縱容出來的結果，不可以跟「不會」混為一談；更不能藉「不會」瞞混卸責。如果父母在兩者之間徘徊，不知道該不該勉強要求，請替孩子想一想。生而為人就沒有資格當「生活的旁觀者」，所以，無論「不會」或「不想」，一個好父母看到問題時，一定知道自己應該立刻分頭、分項，不畏困難地動手解決！

帶著孩子一起做

母親做一餐飯時，不要只讓孩子在一旁參觀，他們應該布置餐桌，遞送物品。這不只加強互動，落實美感的練習，還可因為不斷習作，學會面對日復一日的生活而不失關懷。

如果帶的是小小孩，爸媽也可以用筆把完成圖畫在一張紙上，讓孩子按圖索驥慢慢把餐具擺齊全、放漂亮。

生活常規最可貴

一個有文化的社會,
大家以常規教導孩子往更能得到尊重、與被疼愛的路上走。
這是所有大人的責任,也是我們應該給孩子的生活禮物。

我跟烹飪班的學生說:「家常菜指的是媽媽們經常在家做的菜,而不是相對餐廳『特別大菜』的『平凡菜色』;所以,大家要經常在家做飯,自己得意的飯菜日後才有可能成為孩子口中的『家常菜』。」

「常規」也是一樣,「常」指稱父母日常應該教導的規矩,而不是外出才叮嚀的舉止。一個自嘆常規不再的社會,應該被責備的是成人,而不是孩子,因為,成人不取得共識,只為了證明自己所受的教育是威權,而犧牲孩子對這個世界共處的了解,真是太不應該了。如果大家對教養憂心,應坐下來協談,在各自的生活環境中建立好好生活的方法,我們才真的會有「小確幸」。

不久前,本與一位老朋友要見面,她因為母親跌斷了肋骨來電取

消我們的約會，跌倒的原因是鄰居不喜歡她買菜的時間，說開門的聲音吵了他睡覺，所以就在伯母去買菜回家開門時，從後面趁虛而入，一把推倒她。因為朋友在電話中稱對方「孩子」，所以我就問：「多大的人？」她很感嘆地說：「是大孩子了。」當時，我心理難過到極點，也開始想「孩子」與「成人」如何分界，是以「理當受教導」或「一定要擔負責任」來思考的問題嗎？

我這位朋友一家都是溫和的人，我相信她們雖然受到傷害也不會把這種狀況提出來激動討論。很多人像他們一樣，承受不公義時只能這樣自認倒楣。但如果我們都只是一次又一次地把相處的傷害化為感嘆，等這些孩子都變成大人之後，他們又要身處在什麼樣的社會？

有一年夏天，我在一個歐洲的小城待了五天，因為有一點時差，所以每天早上天色才亮，我們夫妻就去散步。小城有小山又臨海，非常美麗。從整個城市高度一致的建築，家家戶戶乾淨明亮的窗戶與窗台扶疏的花木感覺到這是一個很重視市容、人際與家庭的地方。散步的清晨，的確有家庭環著海灣騎單車出遊。

在一個單車與行人並用的公園路道上，車速有點快的孩子與我擦肩而過。我的驚訝並不是差一點就被撞到的危險，而是同一刻，從孩子身後追騎上來的母親，對孩子嚴厲地斥責。事過，我經常回想當時的情景，覺得那孩子雖然並沒有真的撞上我，他的母親卻給他上了人與人之間相容並處，預測安全最重要的一課；這樣的教訓，如果等到出了意外再教，永遠都是太晚的。

時代在改變，如今外出用餐看到孩子把餐廳當做遊戲場已一點都不奇怪了。商家不敢言，其他客人也只是怒。我還曾在家具店看到小朋友把拖鞋當飛鏢踢出的時候，明明落在到處擺設著玻璃器物的桌面，但店家小姐無奈地請求說：「弟弟不要這樣，會弄到你姐姐喔！」而當時，他的姐姐離他可有好幾尺之遠，這反應出我們失去指正孩子的勇氣是因為商業考量，也因為價值觀分歧。

我的想法很簡單，養活下一代是所有動物的天性；懂得教育下一

代使彼此安全快樂是文化。一個有文化的社會，生活常規有些是明約、有些是默契，大家知道唯有以常規教導孩子往更能得到尊重、與被疼愛的路上走才會幸福。這是所有大人的責任，也是我們應該給孩子的生活禮物。

食的常規

在很多有關餐桌禮儀的史料上，我們可以看到好的規矩認同是慢慢演化而成的，爲了避免干擾與醜惡（衛生與情緒上的醜陋），基本的餐桌禮貌在多數人的認同與遵行之下慢慢形成。這不僅是道德的產物，也是人類經過幾個世紀的努力之後所出現的「現代人」的本源；它的基本意義是讓每一個人對自己的空間負責，因爲這些空間的氣氛會彼此交疊影響，因而出示了個人的社會表現。用餐時，提醒孩子幾件事：

① 姿勢

- 坐挺（椅子與身體的關係）：多數小朋友都只淺坐在椅子的小前段，因此他們的背很難挺直。
- 不要搖晃椅子：有些小朋友會喜歡在餐椅上搖晃，或前趴或後躺。
- 注意孩子的坐高與餐桌是否適當，有時候他們趴在桌上的問題是因爲高度不對。

② 行動

- 使用餐巾：多數的孩子不懂得使用布餐巾或紙餐巾，身邊的成人應該提醒並教導他們如何使用。
- 調整餐具位置：當桌上有不同的食物時，應該教導孩子適時地挪動餐具，儘可能把正在用餐的一盤放在離自己最近的地方。
- 取放餐具要儘量輕，不要如敲打樂器。
- 對於不敢吃的食物，要教孩子儘可能不喧嚷地輕放到盤子的一邊。（當然我不鼓勵偏食，但如果已經偏食還要引起大家的注意，或讓喜歡吃的人感到不愉快，就是再加一層的壞習慣了）

③ 說話的禮貌

- 餐桌上說話的音量要適度。
- 一定要提醒孩子不可隨意說「好噁」或「像……」之類影響他人興致或不雅以博笑的語言。這在孩子的餐桌世界是很常見的，但成人絕不可視而不見，因爲，我們希望他們受人尊重，而不是以小丑言談來得取短暫的注意。

餐巾紙的折法四款

餐巾紙在打開前是餐桌上的裝飾,用餐時又是最實用的清潔用品。習慣使用餐巾紙(或稱口布、口布紙)的孩子,才不會用袖口或衣角當餐巾,給媽媽帶來更大的辛勞。

① 玫瑰花型

② 野餐型

③ 餐巾環用法 1

④ 餐巾環用法 2

先學體貼再學愛

光談「愛」是很空泛的，
但如果把體貼化為分擔勞苦的雜務，
愛就可以在生活中處處生輝。

每一對父母愛孩子的方式與情感基礎並不完全一樣，不過我相信，為人父母共同的情感是「不捨得」；因為不捨得孩子挨餓受寒，於是絕大多數的父母得同時在生活與職業的場域中辛苦努力，不斷轉身、定心再迴旋；也因為捨不得孩子孤寂，他們自願放棄自己獨處的時間，盡可能地陪伴。記得林語堂先生曾說：「一個自然人必會愛他的子女，但只有受過文化洗禮的人，才會孝養父母，敬愛老年。」愛子女，是本能。

雖然「捨不得」是父母共同的愛意，但詮釋「捨不得」的方法卻家家各有不同。簡單說來，有的父母受不了眼見孩子承受任何一點辛苦或委屈；但有些父母則比較能跨過短距離的感受，把生活的責任或困境當做是能力的磨練。我因為是成年孩子的母親，確實了解子女成長之後，「捨不得」的愛將會不夠用，也沒有見過任何一個孩子能

脫離現實生活的考驗，所以我高度傾向於後者的教養態度。

　　前不久受台北一女中輔導室的邀請去與家長演講時，有位家長提到，孩子已經高二了，功課、社團兩忙，她自己雖然覺得生活教育也很重要，但心中難免為需不需要堅持如洗便當這類的生活小事而矛盾踟躕。我的回答是，北一女的學生與家長當然是非常了解競爭的內涵；如果有另一個高二的學生既能把書讀好，又能落實生活自理，她就是競爭的勝利者，這是再簡單不過的現實。而且，孩子面對的生活只會愈來愈豐富，有能力的人也只會愈挑愈重，勝任愉快地兼顧各種生活的平衡，而不是以此補彼，因此，父母應該把小不捨化為大作用。演講之後，校長也加入討論，她對此深表同意，只因為校長跟我一樣是成年孩子的母親，一路看著家中的兒子負重任走遠道，從學生生活走入職場，生活愈來愈忙碌。

　　我的居處對面就是學校，在進出之間會看到身背書包、樂器與水壺的父母或祖輩，他們的孩子常是無事一身輕，手裡拿著零食或飲料，大搖大擺地走在「超級大書僮」的左右。每一見到，我總忍不住要指給先生看，然後我們會一起回想那個對我們來說已十分遙遠的育兒年代。在回憶與說笑間彼此對問：為什麼父母不讓孩子多少拿些東西？如果怕背包太重會妨礙成長，也可以把其中一些物品拿出來，放在另一個提袋，再幫他拿，而不是一整個書包都接手代勞。

　　我們這樣想是因為，書包由誰背並非只是一個實際重量的問題，也是親子之間表達尊敬的必要形式。人生自上學的那一天開始，就啟程了負擔慢慢加重的旅程。無論身體或精神，我們都會需要有人與我們分勞同擔，卻很少有機會能完全卸重於他人；當得到長輩的憐愛體恤時，一個人的體貼之心與倫理尊重之感立刻從精神面落實到行為上；所以，小朋友應該從「背書包」這樣的真實小事開始學習為人處事與面對未來的態度。

　　光談「愛」是很空泛的，但如果把體貼化為分擔勞苦的雜務，愛就可以在生活中處處生輝。我總覺得，有能力愛人的人會比較快樂，因為「愛」是一種創造與改變，在為他人創造舒適或快樂的同時，我們肥沃了自己的心田，這就是我所認識最「有機」的生活。而「家庭」也是最適合人從「感受」去「學習」愛的地方。當我還是年輕母親的

時候，我就讓孩子藉著對家人的服務而了解自己的有所貢獻，而不是跨過家庭先去做社區服務。自我價值的完成必須由近而遠，否則將被外求的肯定混淆了真正的意義。

前不久，有位媽媽告訴我說，她有一天忙到來不及回家做飯給孩子帶便當，但回家時，小五的女兒已經用冰箱所剩的食材為自己做好了一個簡單的便當，她看後心中的安慰難以形容，而我聽後，真為她感到高興。這的確是過去的孩子多數都能想到並能完成的體貼，但如今「捨不得」卻阻礙著愛的正常成長。

如果孩子顧念家人，就要把心意化為行動，讓愛啟動循環。雖然，受父母疼愛的孩子好幸福，但是，有能力回應這份愛的孩子才會好滿足。

帶孩子自己做便當並不需要有高明的廚藝，也不需要準備複雜的材料或工具；只需要一份即知即行的心意。如果無法利用晚上的二、三十分鐘帶孩子製作一份隔日便當，也可以在假日騰出完整的時段，一口氣做幾個便當冷凍起來供上學日用。這種生活實作只要不間斷地經過幾個月，父母一定會發現，就在「帶領」慢慢轉為「接手」的那一刻；孩子已經自然而然地從「照顧自己」完成了「分勞愛人」的過程。體貼從甜言蜜語昇華為家人之間真正的關懷。

我的實作，你的靈感

最簡單的咖哩飯便當

材料／

任何根莖或十字花科的蔬菜、洋蔥、市售咖啡塊、肉或海鮮

做法／

<u>01</u>　把洋蔥炒香。

<u>02</u>　切蔬菜時如果多考慮一下形狀之美，做出的菜就更細緻。如圖中的紅蘿蔔只要把銳利的菱角用削皮刀修飾一下，咖哩便當打開時，心情就會更好。

<u>03</u>　材料炒香後用適量的水滾煮至熟，加入咖哩塊攪拌均勻。

<u>04</u>　濃度與味道都嚐過後再微調。裝便當時飯與醬分層，蒸過更好吃。

小提醒

做便當一定要注意的幾件事：便當是隔日或幾個小時後才吃的餐食，保存的關鍵是不易滋生細菌的正確溫度。冷熱交錯最易酸敗，因此熱飯與涼菜不可以同置一盒。如果要以晚餐的菜直接裝盛，便當菜一定要先分出，不能吃剩再做便當。

「收」與「送」的真意

生活在物質過剩的時代，我們應該帶孩子認識禮物的定義，
真切地了解「送出」與「接受」一份禮物的需要與感受。

超商的糖果架前，有個孩子在哭鬧，夾在母親不允許的制止聲中的是他理直氣壯的大聲喊叫：「我明天要去學校分享！」我走過他們身邊時，突然覺得自己年紀好大了，因爲「分享」這兩個字開始用在兒童教養的時候，自己的兩個女兒都還好小。轉眼二十幾年過去，教育的播種開始收成，如今當孩子用起「分享」這兩個字時，身邊的大人並不覺得這個詞好美，反而有一種進退兩難的尷尬。

教育的細緻處在於無法完全概念化，教一個孩子願意「分享」，本來是要教他爲人慷慨的善意；教他「施比受有福」本來是想突破人都有的貪得自私，只是，這種價值教育無法藉著一種形式推廣，要一點一滴在生活經驗中分辨。如果忙碌的父母或輕忽的老師只簡言這些行爲的好處，孩子們難免誤會這麼複雜深奧的想法；

因為，他們的經驗還不足以進行分析與判斷：哪些禮物不該送？哪些分享已過分？

多數的孩子收送禮物的經驗都是從自己的生日或聖誕節起始。無論送與受，具體物質背後的真心誠意才是禮物的精神。雖然聖誕氣息已經很商業化了，但是有一首可愛的歌曲也許能轉化孩子對慷慨與禮物的想法。

歌中說，紅衣紅帽、忙著張羅送禮物給小朋友的聖誕老公公在濃濃大霧中無法出發。啊！他想起了那常被同伴嘲笑的紅鼻子馴鹿，於是，聖誕老公公問說：「親愛的魯道夫，你願意來幫我拉雪橇嗎？因為你那明燈一樣的鼻子，可以為我們指引方向、照亮路途。」紅鼻子馴鹿魯道夫從此成了聖誕老公公的大幫手，領著雪撬

到處奔忙，載著聖誕老公公伴著哈哈笑聲，把小朋友們期待的快樂分送到天涯海角。從此魯道夫不再感到自卑了，牠知道自己原本奇怪的紅鼻子是這麼的有用，當其他馴鹿羨慕地說：「魯道夫，你會名傳千古時」，牠成了原本不願意跟牠一起玩的馴鹿眼中的英雄。「千萬不可自覺渺小」的叮嚀，透過這首可愛的歌聲傳向我們每個人的心中；聖誕老公公並沒有送給魯道夫一包打了蝴蝶結的東西，但是，他送了魯道夫一個好大的信心當禮物。

這幾十年來，許多幼稚園或小學會在12月說聖誕老人的故事給孩子們聽，有些更鼓勵孩子們在聖誕節交換禮物。也有父母花很多時間為子女選購禮物，既擔心所買的東西不是孩子所喜歡，又擔心如果不送會失去孩子對聖誕老人的信心，因而也失去他們對人世的信賴。這些出發點都是好的，但結果卻不一定如人所願，所以，我總在12月的歌聲中會想起施與受的真諦。告訴孩子，這個歡欣活潑、由事實與虛構合成的愉快老人所代表的慈愛與體貼，千萬不要把送禮物形式化，因為，聖尼古拉斯的故事是從「幫助別人」而帶出我們每個人的心靈需要；我們真正需要的是「關懷」，但不是每一種關懷都能以物質來代表。當禮物被送出時，它必須帶著贈送者的關懷與了解，而禮物被接受時，也該回應以全然的感謝；如果其中有一方失去了這些感受，物質禮物就是多餘的舉動了，並不能加深節慶的愉快。生活在物質過剩的時代，我們更應該帶孩子認識禮物

的定義，真切地了解「送出」與「接受」一份禮物的需要與感受。

　　如今每有機會透過演講與年輕父母見面的時候，經常在提問中聽到「物質充斥的現象大大影響了孩子對生活的想法」之類的憂心。不少父母提到，孩子們小小年紀已養成彼此饋贈禮物的習慣，有些甚至因為父母不允許以高價的禮物回報，而偷竊家中的錢財。可以想像父母們的擔心；他們不知道該不該讓孩子接收禮物，也不知道接受了該如何回報。孩子不只聚會過多，收送禮物也已變成習慣。我認為，不只這種習慣不該養成，有些物品更不應該出現在孩子的禮物範圍之內。想要拒絕這種饋贈的父母，無需因為某些考慮不周的家庭而改變自己的原則，課堂老師更應該居中教導。

　　不對稱於情感與能力的禮物就是討好或收買，送禮是一種品德教育，由老師來集體教導最適當。

　　不必要或價格過高的禮物除了成為家庭經濟的負擔之外，也養成孩子對情感不適切的認知。有些孩子透過送禮物博取認同或重視，有些孩子以禮物的價格來分辨朋友的等級，如果孩子沒有被好好教育這些價值觀，他們很可能一輩子都受物質的操弄控制，也可能習慣藉物質去操弄或控制他人；這樣的人會有什麼損失呢？答案很簡單，他們將失去的是人性中最美好的信任感，人事物的價值會在這

樣的心上全都論斤論兩地以金錢來換算。

　　12月是一個可以帶領孩子用心思考收送意義的好機會。無論是一張卡片、一個家庭角落的布置、一場親友間的聚餐，或者想要傳達問候祝福美意的輕食禮物。試著拋開到商場購物的想法，做一個孩子送得起、收的人會感到溫暖無負擔的禮物。

緞帶禮物盒

材料／

緞帶、瓦楞紙、雙面膠、紙絲

做法／

鼓勵孩子從照片中的盒型想一想
如何完成，不要直接提供方法。
並引導孩子思考盒身力量的支撐。

相信自己的眼睛

○　　○　　○　　○　　○　　○

有時候，我們應該只給孩子目標，不再建議方法，
但同時給一點時間讓他們去摸索達成目標的途徑。

雖然有句話說「眼見為憑」，但要人根據自己的所見去描繪一件事，真是不容易。即使大家不斷地討論要給孩子更開闊的「教育」，但因為各種才藝訓練愈分愈細，孩子們常常把「上過課」與「會不會」誤以為是同一件事。

我經常在課堂上要孩子圖示某些器具或過程。小一點的孩子會以「有沒有學過畫畫」來回應；而大一點的孩子，則以「我不太會」來表達他們的信心程度。我總是告訴孩子們說，沒有人是不會畫畫的，只要把眼睛看到的用筆記錄下來，就是畫畫。我又告訴他們，我也沒有學過畫畫，但拿起筆，信任自己的眼睛所見，想辦法用不同的線條方法存留，通常都能畫出有用的圖像。

我們整天都在看事物，但很少被教導要相信自己的眼睛。對此，

我有個難忘的經驗。

　　小學四年級的美術課堂上，老師要我們去寫生，畫題是當天的操場所見。全班五十個人當中，只有一個同學畫下真實氣象中風雨欲來的山海交錯，其他小朋友筆下所現，全都是標準的風和日麗和藍水綠山。孩子們有這樣的表現，我認為有兩個原因，一方面是我們畫的是平日印象中的景物；但另一種影響也可能是，從來沒有人教我們要定睛眼前、仔細觀察。所以，我們就根據一般人畫畫中所呈現的理想狀況去描繪一個並非如此的景況。

　　寫生課當天，全班同學們散落在操場的各個角落，我看到班上同學林茂政的畫紙還沒有完全乾透，水彩的溼度使他的畫紙微微凹凸，三仙台由深淺紫色構成，透露著煙籠霧鎖中的氣氛，把遠天、

石台與海水層層地接連,又清楚地界分開來。那幅紫色的三仙台給我的震撼一直停留在心中,使我了解,相信自己的眼睛才能清楚地表達自己的理解,而後,一個人與另一個人的創作自然就不一樣了。

這幾年帶小朋友的時候,我偶一回想這經驗,總更深刻地領悟出其中的道理。啓發天分原來是要鼓勵觀察,並隨之教導如何具體地表達出觀察的內容。觀用眼、察用心,如果被方法條件緊緊綑綁,就會像當年我們畫三仙台那樣,放著眼前的真實情境不顧,一再延續印象中最權威的建議。

孩子身陷在「過度受技巧牽制」與「完全不理會經驗價值」的兩個極端時,親師應該更深度地了解孩子的心境,給予最有用的引導。這無法歸納爲人人適用的準則,只能靠認真檢視工作成效來給予明確建議。

爲什麼我認爲孩子們不再相信自己的眼睛?因爲當我要他們畫一個眼前的工具時,他們考慮的是怎樣展現老師所教的技巧,而不是自己所見最立體的一面。

有一次我要孩子根據記憶縫出自己母親的髮型,有些人做出來的卻是美少女戰士;當我期待讀到他們用文字形容一個簡單真實的感

受，孩子卻寫下有如七、八十歲的人對生命的感嘆。太多的不真實使我驚覺孩子的遠離觀察，框架於成人眼中優秀作品的實情。

有時候，我們應該只給孩子目標，不建議方法，但同時給一點時間讓他們去摸索達成目標的途徑，請他們運用已知的經驗來解決眼前的問題。只要他們相信自己的眼睛、坦然注視著目標，不同的解決方法一定會出現在一步、一步的實作中。

我的實作，你的靈感

我們給得起的時間——
思考與實作的階段性實驗

從紙粘土到食材

給孩子一個鍋子與酥皮做為材料，只說明材料與蛋液在烘烤後會出現的結果。為提供食材操作前的思考，同時以紙黏土做為練習，並建議工作的三個程序：先畫出自己的設計圖，再用紙黏土做出模型，等摸索出工法與工序，再領取食材製作成品。

01 先畫出觀察鍋子後的草圖，特別注意如鍋把、頂蓋的黏合細節。

02 再依自己的草圖以紙黏土做出模型。

03 給孩子兩小團油麵與水麵。

04 以水麵包油麵後捲起，再用手掌壓平，如此反覆幾次。

05 如做模型般，再完成一次麵鍋，但因麵團有彈性，因此要更用心才能做得跟模型一樣好。

06 刷上蛋水後進爐烤。

耐力磨出真功夫

教育理當循序漸進。

先從知道「怎麼做」來領受各種能力，

而後慢慢養成能自行探究「做什麼」的方向感。

中國第一本手工藝技術匯編《考工記》的開篇中說：「智者創物，巧者述之。」傳承與創造，本來就是能力的相連，是無法，也毋須選擇存廢的教育。如果成人在無意中曲解了創意的定義，偏重「與眾不同」或「隨心所欲」才是創意，孩子是有可能不肯好好扎實於基本的練習。

任何一種藝術或技術都是從自然而成為規範，又從規範而僵化為死板；但避免死板的方法，並不是不要遵守規則直接創造。我很喜歡梵谷的一句話：「習作在哪裡結束？創作從哪裡開始？」這個分不清的界限當然需要很深刻的自省，但答案在畫家自己勤奮的筆下了然於心。連看起來最輕鬆容易的詩人李白，也留了很多下功夫的擬古詩作，所以杜甫說：「李侯有佳句，往往似陰鏗。」這「似」解說了學習沒有輕鬆的路，要把事情做好，一定得下功夫，也要珍惜他人所

貢獻的經驗。但下功夫的過程，應該給孩子一點空間，因爲每一個人適用的方法可能都不一樣。

「基本功」本來是一個很好的詞，幫助我們了解很多事情在結果上雖然看不出它的重要，但如果沒有這些穩固的基礎，就不能看到令人欣賞的成果。「基本」的意思，並不是簡單輕鬆的工作範圍，而是日積月累的深化，還包含那些自己以爲很熟悉的事物都得不斷反覆的事實。

想想，我們的人生總是不斷設法弄清楚兩個問題：一是「做什麼」，然後是「怎麼做」。而我們從小所受的教育，也都是爲了要幫助自己在這兩個問題上有獨立思考的能力，以及完整運作的實踐。只是，這樣的教育理當循序漸進。要先從知道「怎麼做」來領受各種

能力，而後才能慢慢養成自己去探究「做什麼」的方向感。

完成同一件事物也有各種不同的方法，思考的自由並非不設目標，而是開放達到目標的路線。一個不停地被餵養方法的人，當然不需要思考新的方式；同樣地，還沒有打好基本功夫就被鼓勵「要有自己的想法」的孩子，又能提出什麼樣真正有用的見解？

我喜歡先讓孩子們知道在一堂課裡「要做什麼」，至於「怎麼做」，則可以允許他們有自由的方法，只不過，方法自由並不是不計結果。我從不把「無中生有」當成創意的第一步教育，而把「想方設法」看為基本功的必要養成。設法的心靈可以擁有自由，也在完成自我思路的建造時才會深刻地感覺到知識的重要，於是克服困難、絞盡腦汁而後產生的結果才是真正快樂的學習。

我經常跟孩子們分析我交給他們的工作看起來雖難，其實一點都不難。我認為分析很重要，只要他們肯聽、肯用，就能化繁為簡，找到自己完成的方法。比如說，縫一個袋子很難嗎？並不，因為只要好好弄懂穿針、引線、打結、出針、入針，學會縫出完整的一針，就可以連結所有的布片。孩子如果不經過這樣的引導，同一種困難會不斷重複，不但影響進度，也挫折信心。這種學習者的特徵就是靜不下心來，只不斷地問：「然後呢？然後呢？」

「然後呢？」是一種信心不足的問法，而這種信心不足包含了兩種心神狀態：一是不知道所做之事的全景觀；另一是沒有集中精神於問題之上。兩種狀態都需要教導者清楚地指出應該如何調整。如果是不會打結，就先把打結學到熟練，千萬不要縫幾針就幫他們打結，因爲代勞不只浪費時間，也會誤導孩子學習的習慣。同樣地，如果是弄不懂入針與出針的對應關係或混淆方向，先不要做目標成品，而要求孩子分解動作，先在一塊布上把「一針」弄清楚；如此一來，若在做成品時有錯誤，他們也知道問題應該如何解決。

我從不小看在這些事情上所花的心力，因爲，起步艱難的工作雖然不討好，一旦進入情況卻會節省時間。做爲孩子各項生活功課的老師，我期待自己透過清楚的語言與分析，提供各種具體的目標來引導、備詢、鼓勵、推動，並檢視完成工作的品質。我認爲這不但是一種可行的訓練，也因此能從務實的工作中激發他們創意的靈光。

我的實作,你的靈感

多些觀察與思考——
一朵紙花

孩子們應該多觀察,有目標的觀察是具體可分析的,不落入空想。

比如用紙做一朵花並不難,但要把一朵花做得生動,就得觀察大自然的花瓣。不需要提供孩子們如何完成做這朵花的步驟,但允許他們有時間想一想,也要不時推動一下孩子常有的要賴。透過觀察的分析可以加強記憶,這些能力都可以從生活實作中來培養。教導孩子的時候,老師也應該是提問者,而不是答案的提領機。問問他們:

做法/

01 用手撕的紙與用剪刀裁出的花瓣,哪一種看起來更接近真花的感覺?

02 花瓣如要有曲度,在圈圍時該怎麼做才能複製出那種效果?

03 有具體的問題就可以激發思考,這是材料包不會做、但你可以教導孩子的自由思考。

深度參與

多元本是希望孩子受教育的心胸如置身於一座優美的森林中，
但我們的「多」卻似乎造成了孩子見樹不見林的短視。

這幾年我一直努力地向幼教老師與家長們宣導一個觀念：不要再把生活教育只放在「體驗看看」的層次，應該帶領孩子「深入參與」各項生活自理的事務，藉此養成正確的學習態度與扎實的能力。

我討論這件事，是因為「體驗教育」的成果並不理想。而教育方法攸關著社會的收成，如果收成不好，大家就應該靜下心來檢視栽種培養的方法，進行更有用的調整。

對小小孩來說，父母要孩子去「體驗」新事物是基於一番好意與期待，希望孩子更有眼界，了解這個世界很大，內涵包羅萬象。但我們並未顧及「體驗看看」對孩子來說會誤解為「看過或做過」就可以了，既然世界很大，就要趕快再去看新事物。萬一「體驗」不能有效

地轉化為珍惜的經驗，很可能會變成眼高手低的草率態度。大家只要仔細觀察、靜心聆聽，就能看到有許多孩子動不動就表達出「我都知道了、都做過了」的不屑一顧。

　　孩子們活動太多，他們淺顯的經驗還不能分辨「豐富」與「過度」的不同。許多小朋友在不同的場景中眼花撩亂地跟著跑，如果父母又不給予經驗的加深輔導，他們就以為學習只要當個「看客」，很容易就不耐煩。而父母對於孩子不想認真參與，也不該駝鳥地用「他應該是沒有興趣」來解讀，久而久之，便有不少孩子及至長大成人還用「沒找到興趣」當不肯獨立負責的擋箭牌。

　　永遠需要新鮮感、活潑有趣的教育，是近年來的教育主張。再回到教育是耕耘與收穫的思考上，比較過幾個世代的方式之後，我認

為如今表象的多元已經嚴重地影響了孩子安定學習的事實。把原本統一在一個主軸的教學分為許多科目，只是看起來比較「多」，但與真正的「多元」相牴觸。多元本是希望孩子受教育的心胸如置身於一座優美的森林中，但我們的「多」卻似乎造成了孩子見樹不見林的短視。

一百年前，杜威曾說：「教育不是一件『告訴』（telling）與『被告訴』（being told）的事情，而是一種主動的、建設的歷程。這個原理在理論上，無人不承認；而在實施上，則又無人不違背。」

不斷提供表面的新經驗來滿足學習，只是使一個孩子處於「情緒的興奮」，但並不等於提起「學習的振奮」，前者是以旁觀的、不考慮成果的狀況加入環境，後者卻是清楚目標並克服困難的過程。同一個環境、同一種年齡、同一種基礎的學習者，「感覺興奮」的孩子前熱後冷，毫不在乎結果，而「學習興奮」的孩子卻心領神會、漸入佳境。我認為這並非是誰與誰天生興趣不同所造成的成功或失敗，而是在受教導的過程中，被建立的價值不同。

父母一定不要錯用「興趣」兩個字，平白耽誤了孩子本可建立的專注。因為專注與興趣一樣，都是朝向結果的美好步伐。

三年前，當我帶著一群大班與小一的孩子一起包水餃時。習慣體

驗看看的孩子希望的是「第一次就會」，如果做不好，乾脆用小拳頭就把材料砸了，然後不以為意地說：「我不喜歡，我對這個沒有興趣。」因為，體驗活動並不計較他們的成果，只希望他們身處在這份經驗裡時很高興。但在同一個課堂上，另有一些孩子雖然面對的是同樣陌生的課題，一開始也遇到無法順利操作的困難，卻能不分心於自己的挫折，也不茫然只等待旁人發現他有困難所伸出的援手。我觀察這些孩子與困難相處的過程是，先安靜地看別人成功做出的經驗，再試著摸索達到目標的方法，整個過程充滿了「研究」的氣息，實在非常可愛！

又過了三年，我在同一個學齡的孩子身上做類似的實驗。發現在體驗教育下成長的新新一代，使他們出色的條件，光只是擁有「研究精神」已經不夠了，因為，很少有孩子在新奇感過後繼續堅持做下去。我給他們做蝦餃，包到第三個以後還能繼續為保持作品的品質努力下去的已不到一成。那一成的稀少雖使人對教育感到興嘆，卻足以提供父母對「競爭」的了解；要在一群跟自己一樣識多見廣的孩子中出色，堅持與耐力再度成為最可怕的敵人。

在時間與材料都足夠的情形下，反覆尋思練習是愉快的學習。「精益求精」就是這樣心領神會的美好過程，我們應該努力提供孩子浸潤其中的情境，這些經驗將會轉化為其他的學習的態度，回映出自然的專心與負責。

纖纖小手細細摺──
鮮蝦燒賣

帶領小朋友做此類的工作千萬不要機械化，非按某一種標準工法不可。有位小女孩做得特別好，是因為她掌握了每一摺都要「黏」合的要點，並一再嘗試如何以水與壓捺的力量來達到好好黏合的目標。這種體會就是學習中一再強調的「理解」，而先行於理解的是「觀察」。

讓孩子享受學習的過程，鼓勵他們要做到最後一顆都一樣美。

材料／

細絞肉、鮮蝦泥、鹽、胡椒、餛飩皮

做法／

把餡料調勻後，做一顆為示範品放在孩子面前，讓他自己先試能不能自己做出一樣的作品，真正遇到困難後再指點。

最難的一課：珍惜

珍惜的第一步是「不浪費」，
無論資源屬於自己、他人或歸於公共，
不該用的就絕不用。

在種種生活教育中，我覺得要教會一個人深刻地懂得「珍惜」最難。因為「珍惜」是一份必須在精神上深入，才能從行為中淺出的教養。

我們多數人都能做到愛護自己的物件，看重自己的情感，但換個立場，很可能對他人珍惜如命的事物就掉以輕心了。這樣的心境算不上真正的「惜物愛人」。一個受過良好「珍惜」教育的人，不只能把愛護的情意回應於物質，對於非物質，如時間、情感，也懷抱著同樣的敬意。珍惜的第一步是「不浪費」，無論資源屬於自己、他人或歸於公共，不該用的就絕不用。所有從「珍惜」為出發點所做的事，才能真正惠己又益他。

商業社會用精打細算來誘惑大家買更多的東西，於是，我們的

生活中充滿了贈品、折扣、累計優惠等永無止盡的促銷方案。有時
候，連我這樣五十幾歲、對買賣經驗一點都不陌生的人來說，也弄
不清楚一份商品真正的定價，更何況單純的孩子？同樣的東西買第
二份只要「一塊錢」，如果只買一包就遠遠超過它應有的價值。但沒
有人認為這是強迫購物，只視為優惠。

　　有一天，我在超商聽到一個阿嬤帶著小孫子在採購日用品，她對
孩子說：「買一包要69元，兩包只要90元，你說買一包還是買兩包
比較『划算』？」做為一個旁聽者，我認為這道題目如果不是單純在
考算術中的除法，那真是太難回答了。該買一包還是兩包，不是算
數題，而是既屬經濟，又屬生活管理，或更高深的生活哲學。即使
這個年幼的孩子能懂得90除2所得的45元比69元便宜25元，但沒
有人教他，這兩個綁在一起定價的商品，真正的價「值」是偏向哪一

方；他的生活中，是否需要兩包的量？

又有一天，排在我前面買東西的人抽中了一張1000元折價券，不禁快樂地低聲叫了起來，接著我聽到售貨員很冷靜地告知她，那是一張在某某郵輪上才能使用的贈券。諸如此類的事，我們每天在生活中都可見到。

「划不划算」是一個好問題；往往我們以為在金錢數字上佔到便宜時，卻在另一種更重要的價值上吃了大虧。難怪有人說：「知道價錢的人真多，了解價值的人真少。」要有正確的價值觀才能培養珍惜的習慣，所以成人千萬不能讓孩子以為在金錢上斤斤計較、佔了數字便宜就是划算。

過去為要孩子了解糧食的得來不易，先從朗朗上口的詩句教起。現在，有很多兒童還是會背「鋤禾日當午，汗滴禾下土；誰知盤中飧，粒粒皆辛苦。」他們也都去過田中勞動，親身體驗穀物的結實不易，但是，為什麼這些孩子吃東西時照樣挑嘴浪費？

時代改變了，所以惜物愛人的教育更應該努力配合孩子們生活的現實世界。如果單從口頭的告誡，實在很難成功。每當看到孩子們在外浪費餐廳的食物、損壞公共的物品，而沒有人制止時，珍惜或

環保就是停留在口號的教育。尤其在外食已經成為生活常態的社會中，餐桌上的教育更不知道要從哪裡做起？「珍惜」的教養又要在哪裡扎根？

在吵雜的環境中，成人很難示範吃一份餐點時惜物愛人的基本態度。當孩子在餐桌上玩弄物品、潑灑一地之後，父母除了不好意思之外，並無需為這些行為付出行動代價，這與家中餐桌發生同樣狀況的心情無法相比。「同理心」在商業環境喪失，對孩子是最不公平的，因為，他們本該透過生活的實際經驗來了解「珍惜」是「善用與尊重」，既要尊重服務的人，也要尊重物品。因此，一切都靠大人好好來教導。

有一次，我看到小朋友從袋中拿出自己做好的圍裙，就像梅干菜出瓶一樣，心中一陣悵然，覺得好可惜，不由得在心中怪起家長沒能掌握機會教導小朋友珍惜擁有一衣一物的機會；同時，腦中掠過童年母親教我燙衣服，以及我教兩個女兒由整理物品以落實珍惜的情景。

女兒從小幫忙整燙衣服有三個理由：一是，家事一定要幫忙。二是，他們身上的衣服在穿不下之後我都會轉送他家，所以要好好愛護。三是，整理過的物件與環境最美，這種了解必須源自實踐。

每個孩子都愛漂亮，卻不一定知道東西是透過整理、愛護而更有價值。如今我們忙著開發新地區，忙著買新產品、新衣服，只不斷把希望寄於未來與未有，卻忘了要好好對待身邊與眼前的一切。幫助孩子了解漂亮並不是小小年齡就允許她自己搭配衣物，不分場合的奇裝異服，擦紅抹綠，而是藉著行動發展他們的審美觀念。

愛美的觀念與生俱來，多數的人遇上美便有感應，孩子只是沒有被指引出：一條洗得乾淨並燙得平整的圍裙與一團皺巴巴的圍裙，看起來的不同；穿起來所展現的信心也不同。美的脆弱需要維護，美的稀罕人人有能力創造；當孩子了解自己也是美的一部分時，他們就會願意為此錦上添花，例如悉心愛護物品與環境、好好表現舉止儀態等等，這些行動全是「珍惜」最具體的表現。

我覺得在一個瘋狂購物的時代，我們應該從自己做起，給孩子一個「珍惜」的榜樣，努力做到：不需要的不取，已擁有的都善用。每當我看到孩子踏實照顧自己身邊的環境，小心愛護任何一件已經擁有的物品時，我就一點都不擔心他們對自己心靈的養護，也不擔心他們抵擋不了社會物質洪流的衝擊。

燙衣服的示範與
給父母的心理教學

教孩子燙衣物並不可怕，知道危險的人才能因小心行動而避開危險，因此大人的仔細說明很重要。

小提醒

1. 調整熨板架的高度，並檢查是否非常穩固。

2. 從小手帕或抹布這類與日常生活相關、簡單平面的物件學起。

3. 燙完衣物後，關於器物整理及收存的方法也要一起教，不要把教導只做一半。

4. 不一定要為孩子特地去買無線熨斗，了解危險的存在，並小心地處理問題，才會增長一個孩子的生活能力。

IV

言 諭

人與人相處要把話說清楚，才不會
讓情緒的表達混淆了真正的心意。

說身教很重要，並不是指言教是多
餘；精確溫和的言教猶如路標，能幫
助孩子找到價值與行為的光明大道。

對孩子說話要正直而溫和，要寬大
但謹慎，也要簡單卻不霸道。

用話教導，用心學習

良好的談吐無法惡補，給孩子好的語言習染；
當他們誤用語詞的時候，
也要教他們說話要想到別人，別傷人。

有 很多人說「教育不要太嚴肅，孩子總有一天會懂事」，我認為這是一種「危險」的說法。果真如此，這個世界所有資深的父母都會站出來請年輕父母放輕鬆，而不是偷偷地感嘆，並希望大家好好對待小朋友。成人應該能看清，有些小時候被制止的事，長大之所以不再做，只是因為不再好玩或得到自主權了，而不是真正分辨了其中的是非；例如跳沙發、偷糖吃……但他們會去做另一些讓人煩惱的事。

認為教育不能嚴肅的人是曲解了「嚴肅」兩個字的意義。而我要從兩個有教育意圖，卻達不到理想的例子來分享「嚴肅」的必要。

我認識一位很熱中於教養的媽媽，她為了要教孩子體會盲人的生活有多不方便，藉此提高他們珍惜自己的天賜並同情弱者，特地找

一個晚上讓孩子蒙上眼睛用餐。因為少了視力的導航，食物弄得一臉、一桌，混亂無比，但根據孩子們的追述，這場活動帶給他們家三個小朋友的並不是對盲人生活不便的身受與同感，而是好玩。他們說，那是唯一一次，當他們把餐桌弄得一塌糊塗時媽媽沒有生氣的晚餐。

以他人的情境來引發自身感受的教學，我也現場看過一次失敗的經驗。那年我因為擔任教師獎的評審而去了幾所高中訪視，其中有一所學校的英文老師為了配合講述海倫・凱勒女士的課文，在深度閱讀的項目中特地設計了一堂校園行走活動。活動方式是每兩個學生一組，其中一位蒙眼，另一位則充當引路人，牽著蒙眼者去探尋幾處較有特徵的角落。每到一處，引導的同學就對蒙眼的同學進行說明，充當老師，猶如海倫・凱勒幼年時蘇利文老師對她的教導。

以教案本身與課程的連結來看，這設想其實是很合理生動的，但是，當天我在現場看到的卻是一片充滿興奮的混亂。理由很簡單，因為這是一個男女合班，在隨機分組中，這些高中生因為難得有手牽手的機會，早已心慌意亂到忘了要當蘇利文老師或體會海倫·凱勒的心情了。

很幸運，這幾年來我能有機會跟一個天生視障的孩子一起工作。第一天開始教可揚烹飪的時候，我深深地感受到，我們多數人學習時是多麼地「不嚴肅」，以至於本來都受「心」統籌的其他感官也失去了應有的能力。仔細想想，「體會」或「體察」、「觀察」這些詞彙我們用得很虛浮。當我教了盲眼孩子之後，才知道，如果立意不嚴肅，把眼睛蒙起來也不能幫助一個人了解「失明」的意義，而「同情共感」的好意也不是用這種方法可以傳遞的。

我教可揚的第一天，看到他不用眼睛卻能透過用心而精確地做事，突然想起年少時讀過的一段警言：「並非所有睜著的眼睛都在看；也非所有閉著的眼睛都在睡。」原來，失去眼睛幫助的人，如果用心，雖然辛苦也一樣能對許多深義「了然於心」。

與可揚上過兩年課之後，工作室進行了一次內部大裝修。我本來有點擔心可揚要重新適應新空間會需要很多時間，沒想到他只用了

15分鐘，就把所有的改變「摸」得一清二楚，並把新舊空間的差異做了整理；他凡走到改變處，都會重憶起修改前它們的舊配置，對新課堂的動線也行動自如，全無障礙。

記得可揚在第一次抵達工作室那天，是根據他姐姐先前爲他製作的立體地圖爲參考，在現場以觸摸進行空間的定向。工作室有一百多坪、分爲四個大空間，其中有高低相接與各種設備和空間屏障。明眼的孩子常因爲不看清或輕忽而有失誤，但可揚無論是火、水或機器的操作，都能深入參與，精確掌握，也只有他，因爲仔細聆聽而永遠把材料、工法、注意事項記得一清二楚，還在課後回家又寫成筆記，給了我教學上的溫暖回饋。

我經常在可揚來上課那一天會感到特別快樂。我自認爲自己是一個公平的老師，所以這樣的感受並不是因爲我對可揚的偏疼，而是因爲任何一個老師站在講台上的需要。只要是老師，就希望把自己的所學與經驗傳授給席中的學生，唯一能讓一位老師感受到自己的價值，幫助他熱情不熄的，只有樂意學習或珍惜機會的學生。可揚看不見我，所以，他不會知道有多少次，當我對著一群蠕動不停或意興闌珊的孩子而感到失望或擔心的時候，是因爲看到他坐得挺直、側耳傾聽我上課的模樣而受到鼓勵。

有好幾次，我想起了那兩次失敗的「盲眼情境」教育，轉而思考為什麼我們用別人的「失去」來教導珍惜，而不更積極正面地指出自己的「失去」。但如果我們不嚴肅，許多有用的反省就不會出現。

現在的小朋友因為生活不再單純，語言受很多不良的影響，用詞粗糙膚淺。有一次，有個小朋友與可揚同在課堂，對一個他不認同的比例提問，說：「Bubu老師，餡那麼多，這樣不會太瞎嗎？」雖然他才7歲，但既然說了失禮的話，就是大人應該嚴肅教導的時機。

我主張成人要經常以用詞為主題，直接跟小朋友討論他們的言語習慣。讓他們了解，為什麼有些字句不可以用來指稱或形容。如果他們了解這個世界上的確有人失去視力，那麼，不應該用「瞎」來代說「糊塗」，這是同理心的表現；也有人因為各種原因而失去智力，因此就絕不能用「白痴」來笑罵他人。還有小朋友把「殘廢」、「跛腳」拿來形容行動慢或懶洋洋，這都是譁眾取笑的說話習慣。

良好的談吐無法惡補，良好的談吐也不是博取他人好感、故做客氣的說話技巧。但說話誠懇、用詞精確的孩子總是在競爭的環境佔上風。所以，給孩子好的語言薰染；當他們誤用語詞的時候，也要合情合理地制止並釋疑，教他們說話要想到別人，別傷人。

看不見的可揚，
用心做完一份工作後，就能坐下來打字，
做出完整的工作紀錄。

孩子的學思筆記

這是可揚在一堂課後給我的筆記中的一項：

橘皮提籃

利用橫切一半的橘子做成一個提籃，先把橘子剜出來留下完整一半的橘皮，貼膠帶的部分不可以剪掉，提把不可以剪太粗，否則容易斷掉，最後再把兩邊的提把用麻繩綁一個蝴蝶結，蝴蝶結的耳朵不可以太大。因為我還不太會用剪刀剪直線，所以這個橘皮提籃對我來說很困難，後來是媽媽牽著我的手拿剪刀才完成作品，下次我要先練習好用剪刀剪直線還有綁蝴蝶結。

請孩子矇起眼睛用剪刀做一件簡單的作品，也許他們能體會可揚的感覺，也能了解感官齊動就是「用心」的踏實感。

做法／

01 利用橫切一半的橘子做成一個提籃。

02 先把橘子剝出來，留下完整一半的橘皮。

03 貼膠帶的部分不可以剪掉，提把不可以剪太粗，否則容易斷掉。

04 最後再把兩邊的提把用麻繩綁一個蝴蝶結，蝴蝶結的翅膀不可太大。

完成！

真心話的力量

○ ○ ○ ○ ○ ○

拒絕的話語如果有個合情合理的簡要說明，
不只能讓狀況更明朗，
也有助於緩衝因為拒絕所引發的失望。

擔心，害怕，情況不允許跟能力不夠，大概就是我們要制止或拒絕孩子的心情。先弄清楚自己的真心，拒絕的理由聽起來才不會模稜兩可或不可思議。

我曾在超市看到一個小朋友抱著一顆水梨說：「媽媽，我想吃水梨！」媽媽回頭從孩子手中拿回那顆水梨重上貨架，她指著跟橘子擺在一起的香蕉說：「太麻煩了，水梨還要削皮，我們買香蕉！香蕉剝了皮就可以吃。」那孩子看起來好失望，繼續軟聲央求，用思慕、哀怨的語調喃喃不停。因為結了帳後就離開，所以我不知道最後這對母女到底買了香蕉或水梨；但回家的路上，卻一直忘不了他們之間的談話。

我不是一個主張寵孩子的人，當然不會認為父母需要對孩子的要

求百依百順，但我認為所有的拒絕話語如果有個合情合理的簡要說明，不只能讓狀況更明朗，也有助於緩衝因為拒絕所引發的失望。

就以買水梨這個情況來說，「麻煩」的確有可能是那位媽媽當天時間上的困難，但這個說法應該不會是她選取所有水果的常態標準，所以，如果媽媽能說得更清楚，孩子才有可能立刻調整心情，毋須因為心願未遂而只求目的地不肯罷休，到頭來把母親惹得心煩發怒。而如果母親說明了今天的情況，如等會兒是要在車上而不能回家，或時間太趕，不可能吃還要削切的水果，那小女孩也不致誤會母親連為她削個水果都覺得「太麻煩」了。

為人父母都知道，在孩子一路成長的過程中少不了拒絕與制止。父母之所以不能答應孩子的要求或必須堅決制止某些行為，並非是

隨著自己的情緒起伏所施展的威權，監護的責任便是背後正當的理由，所以，請清楚地說明「為什麼」。父母需要如此的原因有兩個：一是孩子們不致誤會「死纏爛打」是毅力的表現，他們也需要透過理由來了解生活的現實；另一是，父母的說明也正教導了孩子如何拒絕別人的正確形式。

孩子們經常習慣說「不」，但很少說明理由，所以，每當我遇到孩子拒絕的時候，我先不強求他們「說清楚」，而是更加注意在拒絕他們的要求時是否闡明自己加以規定的理由。給他們一個說明事由的好榜樣，然後，也請他們說明自己的心意；這樣很公平。

比如說，不給孩子買小玩物時，用「我們家不需要這樣東西」或「家裡空間不夠」比「沒有錢」、「買不起」好。不准孩子超齡交異性朋友時，千萬不要用「這會影響你的功課」當理由，以免他們拍著胸脯跟你保證，我的功課絕不退步。想清楚，功課退步是交友分心的結果，但就這件事來討論，更重要的議題是，父母有責任要保護孩子未成熟的身心。

拒絕孩子的時候理由簡單坦白最好，別用嚇唬來教導孩子。有個奶奶不喜歡才上幼稚園的孫女經常帶東西去給同學吃，因為她怕孩子也習慣吃別人的東西，但現在的小朋友經常餽贈，又被教導要分

享，奶奶說不過孩子的時候，她把自己的擔心說成了：「不要吃別人的東西，那裡面會有毒。」但孩子小，這種方法只是更困惑他們。

我因為經常跟小朋友相處，確認多數孩子怕的並不是被拒絕，而是怕自己的意願沒有理由地被排斥，因此，無論時間如何短促，也無論結果是否如願，我都要給個合於邏輯、言語不粗糙的簡短解釋。

記得有一次，幾個小朋友工作中好急躁，喧嚷著要我教他們煎肉。這份工作是有危險性的，所以，我需要他們守紀律、專心，要聽從我對爐火的說明和時間的調配之後才可以動手。那天的孩子們都很小，他們也怕自己會受傷，所以靜下來聽我說話了，我們的工作因而很順利。他們工作完之後，下一批孩子不明究理地衝進廚房對我發急，在我開口前，我聽到那批與我合作過的孩子很可愛地替我擋駕了。他們伸出雙臂，很男子漢地說：「給Bubu阿姨一點時間，不守規矩是很危險的。」那情景真讓人忍不住一笑，我也在一張張臉上看到，真心的語言可以幫助大家節制自己的任性，更和諧地相處在一起。

我的實作，你的靈感

跟孩子說 NO 的四個小提醒

POINT 01　忙碌的父母常因時間有限而不得不說「不」，如果能加強孩子生活自理的能力，我們將減少很多拒絕。

POINT 02　拒絕會引發一時的失望，所以要更注意自己所使用的語句與口氣，不要讓生活氣氛隨拒絕而低落。

POINT 03　拒絕如果是延遲或改期，一定要讓孩子清清楚楚地了解，他們要以何種態度安心地等待。

POINT 04　要說服拒絕的孩子要用友善的方法，比如說，偏食也是一種拒絕，所以我不直接問孩子要不要吃，而在他們選擇前，先誘導他們嘗試看看。

話裡的路

不要把自己對孩子的一片心意全部轉化成有特定目標的訓練或督導。
在「育」中教；只要我們願意跟孩子一起理解生活，
指引的方法自然會出現。

有一天去市場時，無意中看到了一樣可以跟小朋友分享的材料，高興之餘，忍不住在心中笑開了，腦中立刻浮現孩子們可能有的驚喜與興奮。如何讓孩子高興，是成人共有的懷幼心情。

我常遇到年輕的父母問我該用什麼方法來施行生活教導，而我總是說，不要把自己對孩子的一片心意全部轉化成有特定目標的訓練或督導。如果我們先看到「教育」兩個字中的「育」，就會更重視在「育」中「教」，只要我們願意跟孩子一起理解生活，指引的方法自然會出現。永遠拿著特定教材，反而容易忽略隨時出現的變化。

有家長聽我這麼說，繼續問道：「意思就是說，用直覺嗎？」我怕說成「直覺」又要被誤會了，因為，當我們看到直覺被付諸行動之後

的結果，有可能誤以為有如信手拈來般地輕鬆容易，但它的基礎，其實是深刻的關懷與細心的觀察。所以，我寧可說是「就地取材」。就地取材的意思並不是指隨便、沒有目標的教育態度，而是不執著於使用哪一種教材，或一定要採取哪一種教育方式才能得出好結果的信心。

比如說，用材料包就不是就地取材的教育，是便宜行事的教學法，應該盡量避免。父母或老師如果發現孩子在工作當中，解決問題的方法是直接問：「然後呢？」就更應該要避免材料包的教學法，因為材料包是先替操作者思考，以特定路線解決「然後」的「下一步」該怎麼做的說明書，作用偏向打發時間而不在於建立思路。

我所說的材料包不光是指手作品的步步引導，我也看到參考書猶如孩子解決課業知識問題的材料包。

我應該可以算是想像力豐富的人，當母親之後，想像力更是我育兒靈感的泉源。我透過觀察孩子、也觀察環境中的條件，然後在最短的時間中就地取材、動手實作，以滿足親子之間的學習或生活享受。

我認為自己想像力的豐富或許跟童年玩具少有很大的關係，所以，即使看到現在的小朋友有整套縮小版的生活模型或玩具，卻一點都不羨慕他們。因為，如果「玩具」是「遊戲」的組件或工具，他們只是擔任操作的工作，而我們是遊戲與工具的設計師。

就以我最熟悉的廚房與餐具來說，只要去商場仔細觀察一下，都能看到孩子在被設計好的套裝玩具中永遠重複做相同的事，說同樣的話，這又是一種捨近求遠的教育方法。生活裡的三餐就有遠遠多過那整套玩具可以供應的靈感與快樂。

我深信，想像力是生活觀察集合之後的再現，而不是以公式進行的訓練。

這一頂可愛的廚師帽，是小朋友在聽繪本時我臨時起意的創作，只需要兩張餐巾紙與一個釘書機就可以完成。動手做做看，你一定會了解，想像力的翅膀可以帶我們到處探訪，使我們在看似平凡的日子中看到無窮的驚奇。

我的實作，你的靈感

廚師帽

材料／
2張大餐巾紙、釘書機

做法／

01 每頂廚師帽需要2張大餐巾紙，如果沒有餐巾紙，可買軟一點的紙來做。裁出35公分（大孩子就要更大）的正方形。先用其中一張對折成長條，量過自己的頭圍，確定大小後，用釘書機固定。

02 另一張的4個角先等分固定在圓圈的4個定點上。

03 把點與點之間的紙打摺後，固定在點與點之間的帽圈上。這部分的黏合也可以用雙面膠來完成。

小提醒

1.帽子的基座圈高度要與帽子蓬鬆的部分有漂亮比例，對孩子來說，太高就不好看，建議可用1：4做為比例參考。

2.不要把蓬鬆部分的摺捏得太工整，它的可愛就在於能與孩子的自然相匹配。

藏在鍋底的功課

○ ○ ○ ○ ○ ○

正視生活與實用關係可以開創一個人的視野、能力與態度。
當這些能力的規模逐漸加大的時候，
人就可以更有信心地迎向較重大的責任。

我一向不主張用抽象的辭彙或耳提面命的方式來教導孩子。比如說，嘴巴催促他們「動作快一點」只會讓氣氛更緊張，一定比不上直接提供「如何做」才能快一點的方法來得有用。父母常在孩子沒能把事情做好的時候說他們「粗心」、「沒有邏輯」，但孩子需要的是使他們進步的有效提醒，而不是籠統的責備。

如果教導與生活經驗互為印證，親子之間的談話不只能更簡單地達成共識，其中可變化的資料也一定會使談話的內容更豐富。最近，我在一鍋豆腐之間，與孩子共同體會了以耐心成就美好結果的功課，很希望能跟大家分享其中的美妙經驗。

聚會的當天，我們帶著幾位小朋友為12位大人做一套素食的餐點。其中有一道主菜是：煎豆腐片淋胡麻醬，我除了跟孩子解說擺

盤的材料與要點之外,還告訴他們:「豆腐要煎得外皮酥、內裡嫩才好吃。」

在乾鍋中煎烤豆腐需要耐心,但要一個在工作中已經充滿興奮期待的孩子有耐心,多麼不容易!通常,大人只是習慣在孩子無法靜下心來的時候,以比他們更缺乏耐心的急躁在一旁搖旗吶喊地激勵或指導,有時也會微有斥責地敦促他們「靜下來,做事情要有耐心」,但自己已經是不安定的。

耐心的基礎是「等待」,但絕不是無所事事,或不知所以的等待。所以,成人如果能在叮嚀等待的同時,幫助孩子透過觀察,找出促進事情成功的方法,那「等待」就不會如此難熬,而「耐心」也會轉為下一次更積極的專注,與不怕等待的態度。

　　當天孩子分組之後，第一組在熱爐台上持鍋的是小五與小三的兩個女生，他們的豆腐一下鍋，就急著問我：「老師、老師，可不可以翻面了。」那種興奮，我不只聽得出，也聞得到。我知道像這種時候告訴孩子「還不可以」是絕對不夠的，所以，我跟他們說：「要等到你用鏟子可以輕輕推得動豆腐的時候，再翻過來，這樣表面的水分散掉了，豆腐才會好漂亮。」小五的孩子把話聽進去了，也馬上掌握了這個要點，於是一份份漂亮的豆腐從她的鍋中上盤、裝飾、淋醬出菜，成功的經驗在短短的時間中堆疊成強大的信心，於是愈做愈順手。

　　小三的小朋友看到姐姐的成果，躍躍欲試，她實在無法「等到豆腐推得動」才下手，悄悄地就翻糊了其中的幾片。我看到了，在心裡想著「好極了！」這種微不足道的失敗有什麼關係呢？讓她去試，只要在時間與條件上能進行檢討，失敗對學習來說，是非常有意義的。我馬上再給她一鍋，要她試試「再多等一下」的感覺。就在我轉身去做其他事情的時候，孩子雖然焦急，但心裡有數的求救聲又響起：「老師，我的豆腐又壞掉了！」壞雖壞，但觀察她的成品時，我看出她已經比上次又「多等了」一些時間，所以，其實更接近成功了。

　　我再跟她解釋如何觀察她的豆腐，並問她要不要仔細看一次隔壁

姐姐鍋裡的豆腐「推得動時」是怎麼樣的一種狀態。爲了不想再失敗，她自己靜下心來，接受了我的幾個建議。那天，雖然我們都沒有提到「耐心」，但這三次心平氣和地重做，就已經是耐心學習的事實了。我相信，只要下次再有人跟她提耐心的時候，她就知道「安心等待，弄清事實」原來就是耐心的意思。

在我的第一本書《媽媽是最初的老師》中，鄧美玲女士曾爲我寫了一篇序文名爲〈藏在鍋底的功課〉，每當帶著孩子一起在廚房工作的時候，我總會想起這充滿期待與趣味的幾個字。

如果鍋底果真藏了一份功課，這功課說的一定不只是父母應該在家庭開放學習的機會，更是透過家事尋找教育孩子的線索。正視生活與實用關係，可以開創一個人的視野、能力與態度。而這些能力的規模逐漸加大的時候，人就可以更有信心地迎向較重大的責任。

具體的指導範例

很多父母會問,孩子何時適合切東西或煮東西。我想提醒大家的是,只要對環境安全有周詳的考量,並有大人專心陪伴,每一種年齡的孩子都找得到適合參與的家事項目。剛學拿刀的孩子,切軟的東西當然比硬的合適;剛學著親近爐台的小朋友,先做不要用油的加熱則是更安全的嘗試。這道乾煎豆腐就可以讓孩子試試廚師的身手與觀察力。

做法 ╱

01　買一塊板豆腐,讓孩子切成他自己喜歡的大小。

02　在爐上把鍋子預熱之後放上豆腐,因為沒有加油,所以不會有油爆的危險,父母可以安心的讓孩子操作。

03　教孩子注意火的大小與熱之間的關係。豆腐是軟的,可以趁此機會教導如何以適當的工具來輔助一塊豆腐的翻面。善用工具能創造更好的生活品質。

04　盤中的擺飾很重要,用的是孩子天生藝術家最擅長的眼光。不必局限他們的想法,通常只要給他們材料,孩子心思與手藝的精巧會使我們大吃一驚。

要孩子自己達成目標的實例

父母親自己失去耐心時就容易把孩子當機器人教，只要求他們按照固定的
方法學會一件事，而不願意給一點自行琢磨的時間。如今學校已大量使用
整理好的參考書、材料包，這些都是他人代為思考的教材，泯滅了教育口
口聲聲宣告要重視的「創造力」。接下來的DIY，請只要求一模一樣的結
果，但不要限制孩子用什麼方法達成，你將會重新看到作業與觀察、思考
的意義。

01 以線切蛋

02 兔子蛋

03 小黃瓜花環

04 圈套檸檬花

要教育才有未來

交完2015年11月「生活筆記」專欄稿件的隔天，我在國教院台北院區有一場演講。等待開場前，幾個人在貴賓室閒聊了起來。這種場合，話題總是很容易環繞在當父母的憂慮心情之上。

我提到剛在專欄中寫「養貓」與照顧孩子其實一樣。主持人剛好也有貓和小男孩，兩相比較下，她問了我一個問題：「為什麼養貓就是比養孩子容易？」我立刻回答她：「因為貓跟孩子的前途不一樣！」答得迅速並不是因為我才思敏捷，而是自己在養貓與接觸不斷成長的孩子之間，同樣的問題已縈繞心頭千百遍。

一隻貓只要負責表現到「可愛」就已經是牠的極限了，沒聽說有人想把他的貓養到能獨立生活，好有一天能不依賴主人。但一個孩子雖然在童年也受到父母如主人養寵物般的千呵百護，終究，希望他們成為一個在各方面真正獨立起來的個體，是每一對父母對自己責任的基本期待。當我們討論送補習、學才藝、擠入名校等觀念，並批評那些觀念時，相信大家也能了解，連過度教養背後的不安，也

是希望孩子獨當一面，出人頭地所造成的？但，誰會爲家裡的貓不
上進而沮喪或自責呢？

思考「貓」與「孩子」的不同，也許能幫助父母進一步檢視自己在
照顧上到底是「愛」還是「寵」。「愛」是有發展性的，是可以透過教
育來完成的可觀願景，與有循環能力的責任交接；但「寵」是把心中
視爲珍寶的個體，關在籠子裡供養照顧，終究只是爲了收穫可愛而
付出的意願，也只能一步一步走向有一天要分離的黯然神傷。

我有兩個女兒也有貓，我愛他們的心一不一樣呢？很相近，相近
的部分，用濫情的說法就是「無怨無悔」：希望他們得到我最真情誠
意的照顧與服務；那，不同的又是什麼呢？我對貓所有不當的舉止只
覺得好笑或氣惱(比如說抓家具或爲要注意力而搞破壞)但我對貓從來
沒有過「擔心」的感覺。

對孩子可就不一樣了，養孩子很少「無憂無慮」的時候，總是從眼
見的任何一點「近憂」，就要發展成「遠慮」的教導。因爲，一個人要
坦然獨立很難，他們先要站穩不帶給他人負累的階段，而後才會進
步到對社會有用，這實在不是一件輕鬆容易的教育工程。

不過，我認為身為父母的人，可以把這種辛苦視為自己受前輩養護的回報，了解這是天經地義，就不會覺得責任是自己獨有的壓力。當我們做到把自家的孩子養好，不只問心無愧，的確也對社會做了很大、很大的貢獻了。

　　我們需要一個安全的社會，這樣的社會並不是下一代不受寒苦的溫室，但意味著孩子們無論交友、工作或擇偶，都身處在一個沒有「從人性惡意」所延伸的各種危險。能擁有這種安全的理由，就來自我們對教育的共識與付出。

　　我願意以行動付出我對於這個價值觀的確認，希望，您也一起來成全這樣的安全社會，用好好教育自己的孩子來表達對未來充滿希望的信心。

國家圖書館出版品預行編目（CIP）資料

我想做個好父母 / 蔡穎卿著 . -- 第一版 . -- 臺
北市：親子天下 , 2016.03
208 面 ; 17×23 公分 . -- (家庭與生活系列)
ISBN 978-986-92815-5-3(平裝)

1. 親職教育 2. 子女教育

528.2   105002415

家庭與生活 026

我想做個好父母

文　　圖｜蔡穎卿
責任編輯｜王慧雲
美術設計｜IF OFFICE、陳俐君
行銷企劃｜林育菁

發 行 人｜殷允芃
執 行 長｜何琦瑜
主　　編｜李佩芬
資深編輯｜游筱玲

出 版 者｜親子天下股份有限公司
地　　址｜台北市 104 建國北路一段 96 號 11 樓
電　　話｜（02）2509-2800　　　傳　　真｜（02）2509-2462
網　　址｜www.parenting.com.tw　讀者服務專線｜（02）2662-0332
傳　　真｜（02）2662-6048　　客服信箱｜bill@cw.com.tw 週一～週五：09:00~17:30
法律顧問｜台英國際商務法律事務所・羅明通律師
電腦排版・印刷製版｜中原造像股份有限公司
裝 訂 廠｜中原造像股份有限公司
總 經 銷｜大和圖書有限公司　　電　　話｜（02）8990-2588
出版日期｜2016 年 3 月第一版第一次印行
　　　　　2016 年 8 月第一版第三次印行
定　　價｜360 元
書　　號｜BKEEF 026P
ISBN｜978-986-92815-5-3（平裝）

訂購服務 天下雜誌網路書店｜www.cwbook.com.tw
親子天下網站｜www.parenting.com.tw
書香花園｜台北市建國北路二段 6 巷 11 號 電話（02）2506-1635
劃撥帳號｜50331356
親子天下股份有限公司 www.parenting.com.tw